Frühlingsträume für die Seele

Möge das Jahr dich
mit seinen Geschenken beglücken:
mit den duftenden Blumen des Frühjahrs,
der wärmenden Sonne des Sommers,
der reichen Ernte des Herbstes.
Der Winter aber schenke dir
die Zeit der Stille für deine Seele.

Irischer Segenswunsch

Frühlingsträume
für die Seele

Geschichten & Gedanken
von Frau zu Frau

benno

Bibliografische Information der Deutschen Nationalbibliothek
Die Deutsche Nationalbibliothek verzeichnet diese Publikation in der Deutschen Nationalbibliografie; detaillierte bibliografische Daten sind im Internet unter http://dnb.d-nb.de abrufbar.

Besuchen Sie uns im Internet:
www.st-benno.de

Gern informieren wir Sie unverbindlich und aktuell auch in unserem Newsletter zum Verlagsprogramm, zu Neuerscheinungen und Aktionen.
Einfach anmelden unter www.st-benno.de.

ISBN 978-3-7462-4591-1

Umschlaggestaltung: BIRQ DESIGN, Leipzig
Gesamtherstellung: Kontext, Lemsel (A)

Inhalt

Frühlingssehnsucht
liegt in der Luft

Der Frühling

Der Frühling ist die schönste Zeit!
Was kann wohl schöner sein?
Da grünt und blüht es weit und breit
im goldnen Sonnenschein.
Am Berghang schmilzt der letzte Schnee,
das Bächlein rauscht zu Tal,
es grünt die Saat, es blinkt der See
im Frühlingssonnenstrahl.
Die Lerchen singen überall,
die Amsel schlägt im Wald!
Nun kommt die liebe Nachtigall
und auch der Kuckuck bald.
Nun jauchzet alles weit und breit,
da stimmen froh wir ein:
Der Frühling ist die schönste Zeit!
Was kann wohl schöner sein?

Annette von Droste-Hülshoff

Nennen wir es „Frühlingslied"

In das Dunkel dieser alten, kalten
Tage fällt das erste Sonnenlicht.
Und mein dummes Herz blüht auf, als wüßt es nicht:
Auch der schönste Frühling kann nicht halten
Was der werdende April verspricht.

Da, die Amseln üben schon im Chor.
Aus der Nacht erwacht die Welt zum Leben,
Pan's vergeßnen Flötenton im Ohr
Veilchen tun, als hätt es nie zuvor
Laue Luft und blauen Duft gegeben.

Die Kastanien zünden feierlich
Ihre weißen Kerzen an. Der Flieder
Bringt die totgesagten Jahre wieder,
Und es ist, als reimten alle Lieder
Sich wie damals auf „Ich liebe dich".

– Sag mir nicht, das sei nur Schall und Rauch!
Denn wer glaubt, der forscht nicht nach Beweisen.
Willig füg ich mich dem alten Brauch,
Ist der Zug der Zeit auch am Entgleisen –
Und wie einst, in diesem Frühjahr auch
Geht mein wintermüdes Herz auf Reisen.

Mascha Kaléko

Keine schöneren Freuden

Ach ich weiß nichts Besseres, ich weiß keine schöneren Freuden als die jener ersten Frühlinge, keine innigere Sehnsucht als die nach dem Aufblühen meiner Blumenknospen, keinen heißeren Durst, als der mich befiel, wenn ich mitten in der schönen blühenden Natur stand, und alles voll üppigem Gedeihen um mich her. Nichts hat freundlicher und mitleidiger mich berührt als die Sonnenstrahlen des jungen Jahrs, und wenn DU eifersüchtig sein könntest, so wär' es nur auf diese Zeit, denn wahrlich, ich sehne mich wieder dahin.

Bettine von Arnim

Brief ins Blaue ...

Ich schicke einen Brief hinaus in den Frühling an Irgendeinen, den es vielleicht gar nicht gibt. Das Papier, das ich mit meinen steilen Lateinbuchstaben bemale, ist kein Bütten. Und ich kann mich sogar an Zeiten erinnern, da ich meine Briefe an postalisch einwandfreie Adressaten zu richten pflegte ...
Ich gehöre nicht zu jenen, die immer gleich ihre „Gefühle“ bei der Hand haben. Und doch: mit dem Strauß gelber Himmelschlüssel hat es angefangen. Ihr würdet mich auslachen, wenn ich euch einreden wollte, dass mich jener ganze Frühlingstag mitsamt seinem Sonnenschein, Himmelblau und sonstigem Zubehör kurzgesagt einen knappen Pfiff anging und daß mir erst am späten Abend, als ich mich aus meinem Zimmer in den dämmerigen Schacht des Hofes neigte, der Frühling begegnete. Am Fenster stand ich, der Tag hatte sich aus dem Staube gemacht, und ein paar armselige Lichtsträhnen, Überbleibsel der fortgehenden Sonne, – nicht der Rede wert –, lagen unten verstreut umher. Ich weiß noch, dass ich gerade mein Frühjahrskopfweh hatte, ich steckte den Kopf weit ins Freie hinaus, – nicht etwa, dass mir, außer an den paar Zügen Luft, noch etwa an „Abendstimmung“ oder sonstigen „Eindrücken“ gelegen war, nein, ich hatte die Tage vorher Eindrücke genug gehabt ... Ich kann mich genau darauf besinnen, dass ich selbst das silbrige Flat-

tern eines ersten Schmetterlings über dem Gitterbalkon gegenüber ganz trocken zur Kenntnis nahm, mir war gar nicht so. Ich stand allein in der abendlichen Stille meiner Stube und horchte in den Hof hinunter.

Türenknarren, Verhallen von Schritten. Fenster waren breit aufgetan, Teller klapperten hinter Gardinen, mit denen der Wind spielte, es war Abendbrotzeit. Im Vorderhaus und Seitenflügel saßen nun brave Familien und gingen programmgemäß zu Tisch. Stühle rückten hin und her, Löffel klirrten, manchmal fiel ein halber Satz zum geöffneten Fenster hinaus. Nacht war es noch nicht, die Sonne war noch nicht ganz fort, und der Mond noch nicht ganz da, so eine Stunde war das; aber die Braven in ihren Stuben hatten alle schon das Elektrische angeknipst, ihre Ordnung wollten sie haben, sie liebten kein liederliches Halbdunkel.

... Der Abend war wie tausend andere, ein ganz und gar gewöhnlicher Frühjahrsabend, ein Dutzendprodukt in der Tageszeit-Fabrik des lieben Gottes, und der hatte sich bei seiner Herstellung sicher nicht gedacht, dass da unten irgendeinem Nichtsnutz gerade an diesem lächerlichen Exemplar von Abend aufgehen könne, es sei Frühling geworden.

Die Tage vorher hatte ich gar nicht bemerkt, so hatte ich an ihnen vorbeigelebt. Wolkenloser Himmel, Wärme und Licht, – die Erfüllung meiner winterlichen Hungerphantasien, dies alles habe ich gar nicht wahrgenommen. Aber nun, da ein solcher Tag zu Ende ging, jetzt da das Gewicht hochgereckter Hinterhäuser und die Armseligkeit der paar Quadratmeter Himmel über den Dächern sich schwer auf mein Herz legte, nun wachte ich auf. Und alles kam wieder hervor, was ich während der letzten Wochen in die unterste Schublade meiner Seele hineingestopft hatte ...

Ich weiß nicht mehr, ob die Vögel an einem Abend vom Park herüberzwitscherten, es war wohl so, ich hörte sie nicht, aber als nun ein Kind begann zu singen, ein billiges kleines Gassenlied mit seinem rührend mageren Stimmchen, da kam unendliche Traurigkeit über mich. Ausgestoßen war ich und verlassen ... Das bohrte sich ein, als wollte es sich häuslich einrichten bei mir wie früher schon.

Nein, sagte ich zu mir – ich war allein mit meinen nackten Wänden und Möbeln –, nein! sagte ich herausfordernd. Aber es war lächerlich, so hatte es immer angefangen. Es war also wieder einmal so weit. Die letzten Wochen krochen an mir vorüber, das vergangene Jahr, alles nutzlos. Was ich getan, hätte ich lassen, was ich gelassen, hätte ich tun sollen. Vorbei ...

So meldete sich der Frühling bei mir an. „Frühlingsanfang!"

Trostlose Haltestelle auf der Fahrt ins Jahr ...

Ein solcher Abend war das. Und man konnte ihn nicht einfach aus dem Kalender reißen, denn es gibt keine Tabletten gegen die Schmerzen in unserem Innern.

Heute aber ... wenn ich heute Morgen ein Blatt aus meinem alten grau-marmorierten Schuldiarium mit dem weiß ausgebogten Etikett „Aufsatzheft" herausgerissen habe, um einen Brief zu schreiben, so ist das nichts als eine Frühlingsmorgen-Spielerei.

Heute kann es sogar vorkommen, dass ich vor lauter hellen Sonnenkringeln auf dem blauliniertem Schreibpapier und meiner alten Tapete vor Übermut zu pfeifen anfange. Ich will nicht verschweigen, dass ich heute früh über den ersten Flieder auf einem fremden Balkon leise gelächelt habe, als wären gewisse Abende begraben, fern. Jenseits des Ufers, auf das mich dieser Tag gerettet hat. Und es ist nicht ausgeschlossen, dass ich heute ein verwegenes Sommerkleid anziehe, nur so für mich. – Wer weiß, ob mir nicht, wenn ich an diesem Abend an mein Fenster ginge, so ein Gedanke durch den Kopf schwirrte von Sommer, blauen Seen und Wanderrast unter blühenden Bäumen.

So ein Tag ist das, heute.

Ich habe den ganzen Vormittag lang fast gar nicht mehr an einen bestimmten Brief gedacht. In den frühesten Morgen hinein hat mir einer sogar einen frischen Strauß gelber Himmelsschlüssel geschickt, und ich habe nicht einmal gefragt, von wem sie waren. – Obgleich ...

Ich schicke einen Brief hinaus in die Welt an Irgendeinen, der vielleicht gar nicht an mich denkt. Aber ich, ich will ihn grüßen um seiner Abende willen, da er an geöffnetem Fenster vor traurigen Häuserschächten steht, um jenes ersten Flieders willen, der ihm auf fremden Balkonen blüht. Für ihn kritzle ich meine mageren Buchstaben auf das letzte Blatt jenes Schulheftes, das einst die Gedanken eines behüteten Kindes aufgenommen hat, eines Kindes, das nicht mehr glücklich, sondern erwachsen ist. Ich schicke diesen Brief hinaus an jenen Einen, von dem ich noch immer nicht weiß, ob ich ihn getroffen habe ...

Mascha Kaléko

Wenn das nicht gesund ist!

Ab und zu muss es sein: das Abnehmen. Also eine Diät! Die wievielte? Ich weiß es nicht. Ich zähle nicht. Ich wiege mich auch nicht. Ich nehme einfach ab, das nehme ich mir jedenfalls vor. Die Enttäuschung mit der Waage erspare ich mir. Aber ich esse nur, wenn ich wirklich Hunger habe: wenig und langsam, und trinke viel Tee oder Wasser. Wenn Fett, Zucker, Alkohol und Fleisch schon mal außen vor bleiben – was kann mir passieren?
Ob ich das ganz strikt durchhalte? Nein, natürlich nicht. Ich will mir doch mein Leben nicht verderben. Was kann ich dafür, wenn mir meine Tochter Eierlikör-Eis anbietet (in dem – außer Fleisch – alles Verbotene steckt)? Soll ich so etwas Verlockendes vielleicht ablehnen? Das wäre doch unhöflich. Ich esse es mit Vergnügen, denn grundsätzlich verzichte ich ja auf Fett und Zucker. Allerdings sind die Johannisbeeren in diesem Jahr leider sehr sauer, weil die Sonne fehlt. Etwas Zucker muss sein. Im Prinzip mache ich ja Diät, das gibt mir das gute Gefühl, etwas für mich zu tun. Ich bin entspannt und gehe ohne Skrupel durch den Tag. Wenn das nicht gesund ist?

Hanna Ahrens

Das Billigangebot

An einem Frühlingsmorgen beim Frühstück las ich in der Starnberger Beilage der Süddeutschen Zeitung folgende Notiz:

Ein Tankzug aus Italien mit 19 000 Liter Wein stürzte gestern Mittag gegen 12.30 Uhr in der Kurve Moosstraße/Petersbrunner Straße in Starnberg um. Nach Angaben der Polizei war das Fahrzeug ins Schleudern geraten. Der 24-jährige Fahrer Giuseppe L. kam mit dem Schrecken davon. Der geschätzte Sachschaden beläuft sich auf 152 000 Mark. Obwohl die sofort alarmierte Starnberger Feuerwehr das kostbare Nass in großen Bottichen aufzufangen versuchte, versickerten etwa 3 500 Liter Weißwein aus dem Anbaugebiet Frascati in Gullys und in die Versitzgruben der Kanalisation. Rund 15 500 Liter pumpte die Feuerwehr in einen anderen Tankzug um. Weil der Wein dabei durch Erdreich und Splitt leicht verunreinigt wurde, kann er nicht mehr abgefüllt und im Laden verkauft werden. Per Fernschreiben erklärte sich der italienische Weinhändler deshalb bereit, den Liter weit unter dem Verkaufspreis (sechs bis acht Mark) für 50 Pfennig abzugeben. Wer an dem Angebot interessiert ist, kann heute ab 10 Uhr zum Parkplatz der Kfz-Zulassungsstelle an der Petersbrunner Straße kommen, wo der Tankzug abgestellt wurde. Behälter sind mitzubringen. Auf Anfrage erklärte Dr. Kurt Käfer vom Gesundheitsamt Starnberg, dass der Wein voll genießbar ist, wenn man ihn durchfiltert.

Auf dem dazugehörigen Foto sah man den umgestürzten Tankwagen und mehrere Feuerwehrleute beim Auspumpen des Weins in große Henkeleimer. Die Sache erschien mir vielversprechend. Ich rief einen Bekannten an und schilderte ihm den Tankunfall.

„Fünfzig Pfennig für einen Liter, der sonst sechs bis acht Mark kostet? Das muss Qualitätswein sein", was ihn weit mehr erregte als der leichte Zusatz von Erde und Splitt. Wozu gab es schließlich Filter!

„Meinst du, ich soll ein paar Flaschen mitnehmen?"

„Was heißt paar Flaschen? Das musst du im großen Stil angehen. Besorge Gallonen. Gleich eine für mich mit!"

„Wo kriegte ich auf die Schnelle Gallonen her? Vielleicht hatte meine Freundin Carola welche. Sie war ganz erschrocken, um acht Uhr einen Anruf von mir zu erhalten. wo ich doch sonst kein Frühredner bin.

„Ist was passiert?"

„Hast du zufällig eine Gallone?"

Und sie: „Wieso? Hast du ein Schiff?"

„Eine Galionsfigur. Eine Gallone ist ein Litermaß, glaube ich. Lies mal den Starnberger Teil von der ‚Süddeutschen' – den Text unter dem umgestürzten Tankzug. Ich warte so lange."

Nach drei Minuten war sie wieder am Telefon. „Danke, dass du mich angerufen hast. Da müssen wir hin. Wieviel fasst denn so eine Gallone?"

„Keine Ahnung. Guck mal im Lexikon nach. Ich bleib dran."

Sie kehrte mit Band G zurück und las mir vor:

„Gallone. Angelsächsisches Hohlmaß: USA: 3,785 Liter, England: 4,546 Liter." So große Behälter habe ich nicht. Aber leere Flaschen. In zehn Minuten hole ich dich ab."

In der Zwischenzeit wuchtete sie ein Tragl mit leeren Liter-Cocaflaschen aus dem Keller in die Küche, spülte sie heiß aus, sammelte die Verschlüsse in ihrer Schürzentasche, behielt die Schürze gleich um, nahm – umsichtig, wie sie war – noch einen Trichter mit und verstaute alles in ihrem Kombi. Ich sagte meine Massage ab und stand bereits mit Körben voll leerer Weinflaschen vor unserer Garage, als sie vorfuhr. Ob ich auch Korken hätte, fragte sie.

Leider nicht. Die schmiss ich immer weg.

„Und wenn die vollen Flaschen in meinen Kofferraum kippen?"

„Dann brauchst du ein neues Auto."

Also Korken besorgen. Während Carola im Halteverbot parkte, hüpfte ich wie ein verscheuchtes Huhn zwischen Stoßstangen hindurch über den Damm ins Starnberger Kaufhaus. Und wieder zurück. Keine Korken.

„Sag bloß, die sind schon ausverkauft! Das kann ja heiter werden."

Auf dem direkten Weg zum TÜV, wo der Weinausschank stattfinden sollte, kamen uns gewisse Bedenken. Wenn man uns in der \Warteschlange erkennen würde. Wenn man herumerzählte, dass auch wir nach verunglücktem Billigwein angestanden haben.

„Was wird wohl dein Mann dazu sagen?"

„Der tobt, aber das macht nichts."

Auf dem Vorplatz vom TÜV erwartete uns keine Käuferschlange mit Eimern und Flaschen. Kein Weinausschank. Kein gar nichts.

„Ich geh mal rein“, sagte Carola und betrat das Gebäude in Schürze mit ausgebeulten Taschen voller Flaschenverschlüsse. Kam wieder heraus, Gesicht wie ein roter Ballon. Stieg ein. Gab Gas.
„Na und? Wie war's?“
„Der Erste, den ich gefragt habe, hat gedacht, ich will ihn verschaukeln. Der Zweite hat gegrinst und gefragt, ob ich heute schon mal zufällig aufs Datum geschaut hätte.“
„Wieso, welchen haben wir denn?“
„Den ersten April.“
Au Backe. Also darauf wäre ich nicht gekommen. Auf der Heimfahrt – in jeder Kurve – schepperten anzüglich die leeren Flaschen hinter uns im Kofferraum – kriegten wir einen Lachkoller. Carola brauchte Scheibenwischer für ihre tränenden Augen.
Ich sagte: „Wenn sie was von Rotwein geschrieben hätten, wäre ich gar nicht erst hingefahren. Rotwein vertrage ich nicht.“
Carola brachte mich nach Hause. Gemeinsam lasen wir noch einmal die Zeitungsnotiz. Klang schon sehr überzeugend.
Sie beschloss, Dr. Käfer vom Gesundheitsamt anzurufen, der den Wein als voll genießbar attestiert hatte.
„Aber sag nicht, wer du bist“, warnte ich sie.
Das hatte sie auch nicht vor. Sie wollte sich mit meinem Namen melden. Was ich verhinderte.
Im Gesundheitsamt wusste niemand etwas von einem Attest für umgekippten Wein. Carola hielt mir den Hörer hin, damit ich das Johlen hören konnte.
Aber so schnell gab sie nicht auf und wählte auch die Nummer der Polizei. Ob zufällig ein Weintankzug in

Starnberg umgekippt wäre. Gegenfrage des Polizisten: „Wieso? Brauchen Sie welchen?"

Nun waren wir bestürzt. Es konnte doch nicht möglich sein, dass wir beide die einzigen Deppen waren, die auf diesen Aprilscherz hereinfielen. Abgesehen von dem Bekannten natürlich, der die Gallone ins Gespräch gebracht hatte.

Wenigstens unsere stadtbekannten Saufpenner hätten danach anstehen müssen. Auch wenn sie nicht die Süddeutsche lasen – so was spricht sich doch rum!

Carola fuhr vier Häuser weiter nach Hause. Begegnete dort ihrem ältesten Sohn, bei dem die letzten beiden Schulstunden ausgefallen waren. Ob sie schon was zu essen hätte, fragte er. Natürlich hatte sie noch nicht gekocht. Wann denn?

Dafür gab sie ihm den Starnberger Teil der „Süddeutschen" und zeigte auf die Weintanknotiz. „Lies das mal."

„Mami", sagte er danach, „gib mir deine Autoschlüssel – da muss ich sofort hin. Hoffentlich ist noch nicht alles verkauft." Und schon in der Tür: „Aber ich brauche Gefäße!"

„Es steht zufällig ein Tragl mit Colaflaschen im Kofferraum, die ich fortbringen wollte", sagte Carola hinter ihm her.

Uns beide schickt so schnell nicht wieder jemand in den April, uns nicht.

Im nächsten Jahr standen wir gemeinsam nach billigen Fernsehern an, aber diesmal in einer langen Schlange. Da waren wir wenigstens nicht die Einzigen, die hereingefallen waren.

Barbara Noack

Frühlingsgefühle

Jan geht in die erste Klasse. Sein Bruder heißt Dennis und geht schon in die siebte Klasse. Seit ein paar Tagen benimmt Dennis sich ganz komisch. Ständig duscht er. Freiwillig! Er braucht stundenlang im Bad. Wenn er endlich fertig ist, riecht er seltsam. Und seine Haare glänzen und stehen wie bei einem Igel in die Luft.

Wenn das Telefon klingelt, schreit Dennis: „Ich geh schon dran!“

Aber meistens ruft bloß Jans Freund Axel an. Oder Tante Nora. Oder Papas Kollege. Dann muffelt Dennis: „Ist für dich“, und schmeißt den Hörer auf den Tisch.

Manchmal ist der Anruf auch für Dennis. Dann schließt er sich mit dem Telefon in seinem Zimmer ein. Und redet und redet. Wenn er endlich wieder aus seinem Zimmer kommt, guckt er, als hätte er gerade ein Zeugnis mit lauter Einsen gekriegt.

Papa und Mama lächeln sich immer so an. Als wüssten sie ein Geheimnis. „Dennis hat Frühlingsgefühle“, sagen sie.

Was das wohl heißen mag?

Aber Jan ist froh, dass Frühling ist. Endlich ist es warm. Endlich kann er wieder stundenlang mit Axel im Wäldchen spielen. Blöd ist nur, dass Axel gerade krank ist. Mit wem soll er jetzt spielen? Mit wem morgens zusammen in die Schule gehen? Und mit wem in der Stunde schwätzen?

An diesem Morgen kommt die Lehrerin mit einem fremden Mädchen in die Klasse. Sie sagt: „Das ist Lisa, unsere neue Schülerin. Wo haben wir denn noch Platz für sie?"
Alle Kinder schauen Lisa an. Sie hat ein blaues Kleid an. In ihrem Haar glitzert eine Spange. Sie sieht aus wie ein Schmetterling. Auf einmal ist Jans Arm in der Luft. Auf einmal hört er sich sagen: „Neben mir ist Platz."
Lisa setzt sich neben ihn. Weil sie noch keine Bücher hat, muss sie mit in Jans Bücher gucken. Ihr Kopf ist ganz nah an seinem. Beinahe kitzelt ihr Haar seine Nase. Es riecht gut.
In der Pause zeigt Jan Lisa den Schulhof. Sie kennt sich ja noch nicht gut aus. Er zeigt ihr auch die Spielgeräte. Auf das Klettergerüst klettert sie ganz schnell rauf, obwohl sie ein Mädchen ist und ein Kleid anhat.
„Im Wäldchen gibt es einen Kletterbaum", erzählt Jan. „Da treffen Axel und ich uns immer. Aber jetzt ist Axel krank."
Auf einmal hat Jan eine Idee. Lisa kennt das Wäldchen gar nicht. Den Kletterbaum auch nicht. Sie kennt überhaupt noch nichts. Sie wohnt ja erst seit ein paar Tagen hier. „Ich kann dir nach der Schule den Kletterbaum zeigen", sagt Jan. Lisa nickt so heftig, dass ihr Pferdeschwanz wippt.
Den ganzen Nachmittag spielen Lisa und Jan im Wäldchen. Sie klettern auf den Baum. Sie spielen Verstecken. Sie spielen Fangen.
Am Schluss sind sie müde. Da setzen sie sich auf einen Baumstamm und reden. Sie erzählen von zu Hause. Von ihren Schulen. Von ihren Freunden.
Es gibt viel zu erzählen, weil sie sich noch nicht so gut

kennen. „Holst du mich morgen früh ab?", fragt Lisa. „Ich hab keine Lust, allein in die Schule zu gehen."
„Okay", sagt Jan. Er hat auch keine Lust, allein zu gehen.
Am nächsten Morgen steht Jan zwanzig Minuten früher auf als sonst. Er muss noch duschen. Er ist ja ganz dreckig vom Spielen gestern.
Dennis steht vor dem Bad und donnert gegen die Tür.
„Wie lange brauchst du denn?", brüllt er. „Ich will auch noch rein."
Jan nimmt was von dem Zeug, das Dennis sich immer unter die Achseln sprüht. Dann schmiert er sich ein bisschen Gel ins Haar.
Es sieht viel netter aus, wenn es vorne hoch steht, findet er.
Dennis beäugt ihn ganz komisch, als er aus dem Bad kommt. Aber er sagt nichts. Papa und Mama lächeln sich nur an. Als wüssten sie ein Geheimnis. Jan hüpft vergnügt aus dem Haus. Er freut sich auf den Schulweg. Die Sonne scheint. Die Vögel singen. Es ist wirklich schön, dass Frühling ist.

Luise Holthausen

Nutze den Tag

Die letzten Schritte zum Taxi geht sie gebückt. Langsam, sich abstützend, lässt sie sich auf dem Beifahrersitz nieder. Ihre Stimme klingt tonlos: „Zu den Rheinwiesen."
Arnold schaut kurz zu ihr hinüber. Er schätzt sie auf etwas über vierzig. Ihr Gesicht hat außer ein paar Linien um den Mund keine Falte, nur ihre Haut ist ohne jede Farbe. Das blonde Haar hängt glanzlos wie seichtes Schilf. „Ein Bild des Jammers", denkt er und fährt an.
Auf der kurzen Fahrt bis zum Rhein reden sie kein Wort. „Halten Sie!", befiehlt sie und fragt nach dem Preis. Dann geht sie stolpernd quer über die holprige Wiese und ist seinen Blicken fast entschwunden.
Er wendet und will davonbrausen, aber irgendetwas hält ihn zurück. Wo will sie denn hin? Sie schien ihm so verzweifelt. Kurz entschlossen stößt er die Tür auf und läuft in die Richtung, die sie eben eingeschlagen hat. Sie will doch nicht etwa Selbstmord begehen?
Sie sitzt am Rande des Wassers vor einem Gesträuch. Erste grüne Blättchen zittern in der frischen Luft. Er lässt sich neben ihr nieder. Sie reagiert nicht, blickt nur still auf die schnell dahinziehenden Wellen des Flusses.
„Kann ich Ihnen irgendwie helfen?", fragt er schließlich. Ihre Starre wird ihm langsam unheimlich. Schon im Auto hat er gefühlt, dass sie in einem Schock befangen ist. Er muss dreimal fragen, ehe sie ihn ansieht.

„Ich war heute Morgen beim Arzt und habe erfahren, dass ich Krebs habe. Nicht mehr zu therapieren oder zu operieren."
Er erwidert nichts. Was soll man dazu auch sagen? So etwas haut einen um, das ist klar. Hat sie denn keinen Menschen, zu dem sie gehen und sich aussprechen kann?
Sie schüttelt den Kopf. „Mein Mann liegt auf dem Friedhof. Und meine Kinder stehen mitten im Leben, die haben keine Zeit. Mich braucht keiner mehr. Und deshalb ..."
Sie zeigt auf das Wasser. Ihre Worte sprudeln jetzt, überstürzen sich. Es ist, als habe sich eine Öffnung für ihre Quelle aufgetan.
Hinter ihnen im Busch fängt plötzlich eine Meise an zu zirpen.
„Es wird bald Sommer." Arnold atmet auf. „Die Vögel nisten schon. Sie fangen alle immer wieder von Neuem an, jedes Jahr wieder."
„Ich kann nicht mehr von vorne anfangen." Sie lacht bitter. „Schluss – aus!"
„Ich schon!" Tief atmet er die frische Luft ein. „Ich habe mir vorgenommen, andere ganz oft anzulachen. Der heilige Franz von Assisi hat mal gesagt: ‚Glück ist das Einzige, das man verschenken kann, ohne es zu besitzen.' Damit hat er doch recht, nicht wahr? Und der weise Goethe sagte: ‚In allen Dingen ist besser zu hoffen als zu verzweifeln.'"
Ihr Lachen klingt bitter. „Sie haben gut reden. Sie müssen ja auch nicht sterben."
„Wir alle müssen irgendwann sterben. Und ich werde genau wie Sie auch nicht mehr lange in diesem Jammertal sein."

Die kleine Meise geigt immer lauter in sein Geständnis hinein. „Ich habe nämlich einen Tumor im Kopf. Inoperabel. Darum muss ich jetzt das Fahren meines Taxis aufgeben."

Bestätigend nickt er in ihren ungläubigen Blick und steht auf. „Aber jetzt können wir beide noch einen schönen Spaziergang machen. Kommen Sie, nutzen wir den Tag!"

Sie zuckt mit den Schultern. „Ich kann nicht mehr genießen. Muss erst mit dem Schock fertig werden."

Er nickt. Das war bei ihm auch so, ‚vor Jahrhunderten', als er die Diagnose bekam.

Deshalb lässt er ihren Einwand nicht gelten und zieht sie hoch.

Schweigend gehen sie den Fluss entlang.

Sie nutzen den Tag.

Gabriele Lins

Frühling

Wir wollen wie der Mondenschein
die stille Frühlingsnacht durchwachen,
wir wollen wie zwei Kinder sein.
Du hüllst mich in dein Leben ein
und lehrst mich so wie du zu lachen.

Ich sehnte mich nach Mutterlieb
und Vaterwort und Frühlingsspielen,
den Fluch, der mich durchs Leben trieb,
begann ich, da er bei mir blieb,
wie einen treuen Freund zu lieben.

Nun blühn die Bäume seidenfein
und Liebe duftet von den Zweigen.
Du musst mir Mutter und Vater sein
und Frühlingsspiel und Schätzelein
und ganz mein eigen.

Else Lasker-Schüler

Blumensträusse und
Himmelsboten umtanzen dich

Aug' in Aug'

Die Nachtigall war anders gegen mich gesinnt wie du, sie stieg herab von Ast zu Ast und kam immer näher, sie hing sich an den äußersten Zweig, um mich zu sehen, ich wendete leise mich zu ihr, um sie nicht zu scheuchen, und siehe da! Aug' in Nachtigallenaug', wir blickten uns an und hielten's aus. Dazu trugen die Winde die Töne einer fernen Musik herüber, deren allumfassende Harmonie wie ein in sich abgeschlossnes Geisteruniversum erklang, wo jeder Geist alle Geister durchdringt und alle jedem sich fügen; vollkommen schön war dies Ereignis, dies erste Annähern zweier gleich unbewusster, unschuldiger Naturen, die noch nicht erfahren hatten, dass aus Liebesdurst, aus Liebeslust das Herz im Busen stärker und stärker klopft. Gewiss, ich war freundlich und gerührt durch dies Annähern der Nachtigall, wie ich mir denke, dass du allenfalls freundlich bewegt werden könntest durch meine Liebe, aber was hat die Nachtigall bewogen, mir nachzugehen, warum kam sie herab vom hohen Baum und setzte sich mir so nah', dass ich sie mit der Hand hätte haschen können, warum sah sie mich an, und zwar mir in's Auge? – Das Aug' spricht mit uns, es antwortet auf den Blick, die Nachtigall wollte mit mir sprechen, sie hatte ein Gefühl, einen Gedanken mit mir auszutauschen. (Gefühl, das ist der Keim des Gedankens.) Und wenn es so ist, welchen tiefen, gewaltigen

Blick lässt uns hier die Natur in ihre Werkstatt tun: Wie bereitet sie ihre Steigerungen vor, wie tief legt sie ihre Keime, wie weit ist es noch von der Nachtigall bis zu dem Bewusstsein zwischen zwei Liebenden, die ihre Inbrunst so deutlich im Lied der Nachtigall gesteigert empfinden, dass sie glauben müssen, ihre Melodien seien der wahre Ausdruck ihrer Empfindungen.

Am andern Tag kam sie wieder, die Nachtigall, ich auch, mir schwante sie würde kommen, ich hatte die Gitarre mitgenommen, ich wollte ihr was vorspielen, an der Pappelwand war's, der wilden Rosenhecke gegenüber, die ihre langen, schwankenden Zweige über die Mauer des Nachbargartens hereinstreckte und mit ihren Blüten beinah bis wieder an den Boden reichte; da saß sie und streckte ihr Häkchen, sah mir zu, wie ich mit dem Sand spielte. Nachtigallen sind neugierig, sagen die Leute, bei uns ist's ein Sprichwort: Du bist so neugierig wie eine Nachtigall; aber warum ist sie denn neugierig auf den Menschen, der scheinbar gar keine Beziehung zu ihr hat? – Was wird einstens aus dieser Neugierde sich er zeugen? – O! Nichts umsonst, alles braucht die Natur zu ihrem rastlosen Wirken, es will und muss weitergehen in ihren Erlösungen. Ich stieg auf eine hohe Pappel, deren Äste von unten auf zu einer bequemen Treppe rund um den Stamm gebildet waren; da oben in dem schlanken Wipfel band ich mich fest an die Zweige mit der Schnur, an der ich die Gitarre mir nachgezogen hatte, es war schwül, nun regten sich die Lüfte stärker und trieben ein Heer von Wolken über uns zusammen. – Die Rosenhecke wurde hochgehoben vom Wind und wieder niedergebeugt, aber der Vogel saß fest; je brausender der Sturm, je schmetternder ihr Gesang, die kleine Kehle strömte jubelnd ihr ganzes Leben in die aufgeregte Natur, der fallende Regen behinderte sie nicht, die brausenden Bäume, der Donner übertäubte und schreckte sie nicht, und ich auch auf meiner schlanken Pappel wogte im Sturmwind nieder auf die Rosenhecke, wenn sie sich hob, und streifte über die Saiten, um den Jubel der kleinen Sängerin durch den Takt zu mäßigen. Wie still war's nach dem Gewitter! Welche heilige Ruhe folgte dieser Begeistrung im Sturm! Mit ihr breitete die Dämmerung sich über die weiten Gefilde, meine kleine Sängerin schwieg, sie war müde geworden. Ach, wenn der Genius aufleuchtet in uns und unsere gesamten Kräfte aufregt, dass sie ihm dienen, wenn der ganze Mensch nichts mehr ist als nur dienend dem Gewaltigen, dem Höheren als er selbst, und die Ruhe folgt auf solche Anstrengung, wie mild ist es da, wie sind da alle Ansprüche, selbst etwas zu sein, aufgelöst in Hingebung an den Genius! So ist Natur, wenn sie ruht vom Tagwerk: Sie schläft, und im Schlaf gibt es Gott den Seinen. So ist der Mensch, der unterworfen ist dem Genius der Kunst, dem das elektrische Feuer der Poesie die Adern durchströmt, den prophetische Gabe durchleuchtet, oder der, wie Beethoven eine Sprache führt, die nicht auf Erden, sondern im Äther Muttersprache ist. Wenn solche ruhen von begeisterter Anstrengung, dann ist es so mild, so kühl, wie es heute nach dem Gewitter war in der ganzen Natur, und mehr noch in der Brust der kleinen Nachtigall, denn die schlief wahrscheinlich heute noch tiefer als alle andren Vögel, und um so kräftiger und um so inniger wird ihr der Genius, der es den Seinen im Schlaf gibt, vergolten haben, ich aber stieg nach eingeatmeter Abendstille von meinem Baum herab, und durchdrungen von den hohen Ereignissen des eben Erlebten sah ich unwillkürlich die Menschheit über die Achsel an.

Bettine von Arnim

Frühlingslied

Ich strecke die Hand
über Frühlingsland;
mein Tüchlein winkt, wolkiger Streif,
mein Arm, deines Sonnrots verschimmerndes Band –
so streck' ich die Hand
über Frühlingsland,
dass deine Rechte sie greif.

Schon haben mein Haupt
liebe Lüfte belaubt;
mein Wälderhaar rieselt dir zu.
Ein hellgrünes Zweiglein am Hange geraubt ...
schon haben mein Haupt
liebe Lüfte belaubt,
und es wiegt sich in bebender Ruh'.

Da flüstert dir wirr
durch Käfergeschwirr
ein Gruß, der dich lange verließ,
ein Lächeln in blassroter Kelche Geklirr ...
nun grüß' ich dich irr
in Käfergeschwirr
und der Bienen golddunkelem Vließ.

Ich heb' meinen Mund
aus dem Frühlingsgrund,
wenn immer dein Auge erwacht,
und trittst du ihn nieder, der glänzend und wund,
in Frühlingsgrund
meinen blühenden Mund,
flammt er auf: als ein Stern deiner Nacht.

Gertrud Kolmar

Ein verheissungsvoller Frühlingstag

Der Morgenwind war noch ein wenig kühl, heute, am ersten lang ersehnten freien Tag, in der endlosen Reihe von arbeitsreichen Tagen. Anna Maria wollte jede Minute genießen und deshalb war sie auch schon so früh mit ihrem Fahrrad unterwegs. Keine Menschenseele weit und breit. Anna Maria summte leise vor sich hin, als sie die Hauptstraße verließ und rechts in den Feldweg einbog. Die Vögel zwitscherten und flogen geschäftig hin und her. Anna Maria genoss die Fahrt und freute sich, als sie an ihrem Lieblingsplatz, an der alten Buche, die am Ufer eines kleinen Sees stand, angelangt war. Sie lehnte ihr Fahrrad an den Stamm des Baumes, nahm vom Gepäckträger eine Decke und den Weidenkorb und stellte alles daneben ab.
„Geschafft, endlich angekommen und nix tun", murmelte sie und tat einen tiefen, tiefen Atemzug. Anna Maria fühlte sich wohl wie schon lange nicht mehr. Ihr Blick wanderte über den kleinen See. Still und ruhig lang er da. Obwohl, ganz stimmte das ja nicht. Entengeschnatter und Vogelgezwitscher prägten diese Idylle.
Anna Maria breitete die mitgebrachte Decke aus. Herzhaft biss sie in ein belegtes Brot, als ihr im wahrsten Sinne des Wortes der Biss im Hals stecken blieb. Denn irgendetwas fiel von oben auf sie runter. Da, schon wieder. Sie saß ganz still. Nach einer Weile löste sich ihre Er-

starrung und sie sah auf die Decke. Vor ihr lagen zwei Vogeleier, die wohl aus dem Nest gefallen waren, das sich über ihr in der alten Buche befand. Sie sah nach oben, konnte aber das Nest nicht gleich erblicken. Erst als sie aufgestanden war, bemerkte sie in einer Astgabelung ein nestähnliches Etwas, in dessen Mitte ein Loch klaffte, gerade so groß, dass die Eier leicht durchfallen konnten.
„Was nun?", murmelte Anna Maria und strich sich eine Haarsträhne aus dem Gesicht. Irgendwie mussten die Eier, die wie durch ein Wunder heil geblieben sind, wieder da hinauf. Eins war ihr klar: Wenn sie dieses Nest nicht notdürftig reparierte, waren die Eier schneller wieder unten, als ihr lieb war.
Aber wie sollte sie da hinaufkommen? Plötzlich fiel ihr die alte, verlassene Hütte in der Nähe ein, die den Waldarbeitern früher als Unterschlupf diente, wenn ein Gewitter plötzlich im Anzug war. Schnell lief sie zu der Hütte und rüttelte an der Tür. Verschlossen. Logisch, hatte sie wirklich geglaubt, sie wäre offen? Niedergeschlagen ging sie um die Hütte. Vielleicht konnte sie ... Nanu, das gab es doch nicht. An der Rückseite der Hütte war eine Leiter quer angebracht.
„Du kommst mir wie gerufen", sprach Anna Maria erfreut aus, was sie dachte. „Das hätte ich nicht gedacht!", antwortete eine Stimme. Anna Maria, die gerade die Leiter vom Haken der einen Seite abheben wollte, erschrak und erstarrte. „Nicht erschrecken, ich tue Ihnen nichts. Ich sehe schon eine Weile zu, wie Sie um die Hütte schleichen. Was wollen Sie mit der Leiter?"
Anna Maria hatte sich vom ersten Schreck erholt und drehte sich um. Vor ihr stand ein junger Mann mit einem sehr

sympathischen Gesicht und lächelte sie an. „Mussten Sie mich so erschrecken? Reden Sie nicht dumm daher. Helfen Sie mir lieber, die Leiter zu lösen und dann könnten Sie mir helfen, sie zu der alten Buche zu tragen!“ –
„Kein Problem, ich helfe Ihnen gerne, aber sagen Sie mir bitte, warum?“ –
„Das sage ich Ihnen unterwegs! Wir müssen uns beeilen, die Zeit läuft uns davon und wenn die Eltern zurückkommen, ist es zu spät!“ – „Eltern? Ihre? Zu spät für was?“ – „Mensch, reden Sie nicht zu viel, packen Sie die Leiter am anderen Ende und kommen Sie endlich. Unterwegs erkläre ich es!“
Lächelnd tat der junge Mann, wie es ihm befohlen, und sein Lächeln vertiefte sich, als er erfuhr, um was es ging. „Sie hatten Glück gehabt, aber auch Pech!“ – „Wieso?“ – „Nun, wenn Ihnen die Eier auf den Kopf gefallen wären, hätten Sie 'ne Beule und Glück, dann gäbe es Rühreier zu Mittag!“
Anna Maria kochte innerlich. „Blödmann“ war alles, was sie darauf erwiderte. Nach einer Weile. „So, die Leiter müssen wir hier anlehnen, denn dort oben ist das defekte Nest!“ Anna Maria zeigte auf die Stelle. „Wer geht hinauf?“ – „Ich“, erwiderte Anna Maria mit einer Stimmlage, die keinen Widerspruch duldete. „Gut, und ich halte die Leiter!“ Anna Maria stieg die Leiter empor und hatte das Nest erreicht. Sie überlegte kurz, dann stieg sie wieder hinunter. „Geben Sie mir mal Ihre tolle Mütze. Die brauchen Sie ja im Moment nicht. Die Sonne wird Ihren Kopf wärmen!“ Bevor der junge Mann antworten konnte, schnappte sich Anna Maria seine Mütze. „So, jetzt ein wenig Moos hinein und nun legen Sie die Eier vorsichtig

darauf. Am besten mit Moos anpacken, dann sind keine fremden Gerüche an der Schale!" – „Noch was?" – „Nein, ich steige jetzt vorsichtig nach oben und stülpe das Ganze vorsichtig über das alte Nest." – „Hoffentlich klappt es!" – „Bestimmt."
Später saßen die beiden einträchtig auf der Decke und beobachteten die Heimkehr der Vogeleltern. „Amseln", sagten beide gleichzeitig und schauten gebannt nach oben. Nichts Außergewöhnliches geschah. „Sie haben sie angenommen. Wie schön", flüsterte Anna Maria und der Mann an ihrer Seite erwiderte: „Ja, wie schön!" Was er damit meinte, können wir uns denken, denn sein Blick ruhte schon lange auf dem Gesicht von Anna Maria und was weiter geschah mit den beiden? Nun, das ist eine andere Geschichte.

Agnes Marx

Frühling

Ich bin für Ordnung, auch bei den Jahreszeiten, Winter im Winter und Frühling im Frühling. Was für ein unnötiger Ehrgeiz der Floristen, uns zu Weihnachten Gladiolen aus Südafrika einzufliegen. Weißen Flieder – wozu das? Christrosen im Dezember und Maiglöckchen im Mai. Manch einer schneidet am Barbaratag Zweige vom Kirschbaum, hegt sie und pflegt sie, raubt den Staren und Amseln fünf Pfund köstlicher Süßkirschen!
Wozu die Eile?
Kaum ist der Schnee weg, man füttert gerade die Vögel, was sieht man: die ersten Schneeglöckchen! Diese tapferen Vorboten des Frühlings haben sich allen kommerziellen Verführungen widersetzt, niemand versorgt uns im August mit Schneeglöckchen. Kaum hat man sie gezählt und in Briefen und per Telefon von ihnen berichtet, da kommen schon die ersten gelben Fürwitzchen hervor, deren Familiennamen ich nicht kenne. Nahe der wärmenden Hauswand bereits die ersten Krokusse, zuerst die gelben, aber bevor man sie vorführen kann, werden sie von den vitaminhungrigen Amseln verspeist. So wird meine Treue belohnt! Was reizt sie an der Farbe gelb?
Die männlichen Amseln sind gelbschnäblig, sind da bereits andere Triebe im Spiel?
Eines Morgens ist alles vorbei, der Vorvorfrühling, der sich in den Vorgärten abspielt, hat ein Ende. Es hat ge-

schneit. Ich gönne mir einen Besuch im Gewächshaus; es steht im Park Wilhelmshöhe, nahe beim Schloss, eine berühmte frühindustrielle Eisen- und Glaskonstruktion. Schon im Kassenraum blühen mir Narzissen und Primeln entgegen. An den Wänden: blühende Kastanienbäume; Illusionsmalerei, die mich sehr erfreut. Noch eine Tür und dann! Mimosen, Kamelien, Azaleen, Rhododendron, übereinander, untereinander, ein Rausch an Farben und Düften, schwindelerregend. Wo bin ich? In einem Treibhaus? Ein Übertreibhaus!

Solche Ausschweifungen gestatte ich mir nur einmal im Jahr. Das Gewächshaus verdirbt die Maßstäbe, wir sind hier in Nordhessen. Die Jahre, in denen ich dem Frühling ins Tessin entgegenfuhr, sind vorbei; ich bin ruhiger geworden. Zurück zu den sieben tapferen Schneeglöckchen, die den Winterrückfall überlebt haben.

Der Frühling kommt aus Cadiz in Spanien, mit dreißig Kilometer Tagesleistung reist er von Südwest nach Nordost. Seine Fortschritte sieht man auf dem Bildschirm: Baumblüte an der Bergstraße. Mit überhöhter Geschwindigkeit, im Galopp, erreicht er dann plötzlich Nordhessen. Die Luft riecht anders, schmeckt anders, so schnell kann man nicht gucken und nicht zählen. Wo hat man im November noch rasch eine Handvoll roter Tulpen versteckt? Es ist wie Ostereiersuchen.

Hätte man die Rosen beschneiden sollen? Auf drei Augen, nach Gärtnerart? Ich halte nichts vom Beschneiden! Bei uns wachsen die Rosen mannshoch, man muss sich nicht bücken, um daran zu riechen. Wir sitzen hinter einer blühenden Rosenhecke, den lieben langen Sommer lang. Ich zähle mein Leben nach Sommern, nicht nach Lenzen.

Wie viele noch? In den Vorgärten blühen jetzt die Forsythien und die Mandelbäumchen, ein wenig übertrieben, meine ich, das blüht und blüht und bringt doch nichts, keine einzige Mandel im Herbst. Da sind mir Kirschbäume lieber oder Apfelbäume, diese blühenden Apfelbaumgärten im Mai! Ich rede da nicht von unserem Garten, unser Garten ist ein Gärtchen. Der erste Löwenzahn! Die ersten Gänseblümchen: Jetzt ist es Zeit, eine „Grüne Soße" herzustellen. Was fehlt, gibt es bei der Marktfrau. Schnittlauch, Pimpernell, Borretsch, den eigenen Löwenzahn, ein paar Gänseblümchenknospen dazu; elferlei Kräuter sollen es sein; dazu fetter saurer Rahm, frische Pellkartoffeln. Man riecht nicht nur, dass Frühling ist, man schmeckt ihn auch, hat ihn; zwischen den Zähnen: Sauerampfer! Wir essen auf der Terrasse! Einen wärmenden Heizstab im Rücken. Der Garten ist noch durchsichtig, alle Nachbarn können uns sehen. Statt „Guten Tag" rufe ich ihnen „Frühling!" zu. Du übertreibst es, sagt mein Mann.

Die Nachbarn im Frühling! Den Winter über hat man sich nicht gesehen, und sobald das Buschwerk sich begrünt, wird man sich nicht mehr sehen, aber jetzt bei diesen Kontrollgängen, da sieht man sich, tauscht seine Beobachtungen über die Winterschäden aus, verkündet seine Triumphe. Während ich noch staune und bewundere, harken und hacken die Nachbarn bereits. Der Lavendel schlägt aus! Großherzig biete ich Ableger an; unter allen Büschen blühen die Veilchen. Es ist nicht leicht, die ersten Veilchen in den Garten zu bekommen! Aber noch schwerer ist es, sich der Veilchen zu erwehren. Wie kommt es, dass Veilchen so gut bei uns gedeihen? In aller Bescheidenheit gefragt. Die Amseln nisten!

Mehrere Rohbauten haben sie bereits als ungeeignet verlassen. Nisten ist ein Vertrauensbeweis. Unser Feuerdorn ist absolut katzenfest. (...) Die erste Hummel! Der erste Kohlweißling! Nein – zwei Hummeln, zwei Kohlweißlinge, und die Enten im Park: paarweise! Und die Schwäne: paarweise – das führt jetzt zu weit!

Christine Brückner

Frühlingsahnung

Mir ist, als läge Frühlingsduft
schon in der herben Großstadtluft.
Es ist eine Ahnung
von etwas ganz Zartem,
auf das wir so lange
und sehnsüchtig warten.

Mir ist, als öffneten Knospen sich bald
und machten auch vor dem Schnee
nicht mehr Halt.
Es ist wie ein Traum,
von etwas, was war,
von etwas, was kommt
auch in diesem Jahr.

Mir ist, als ob die Vögel anders sängen
und schon ein bisschen
nach Vorfreude klängen.
Es ist wie ein Windhauch,
es ist wie ein Beben
und uns wachsen Flügel
im täglichen Leben.

Ute Latendorf

Frühling

Die Luft ist weich, die Sonne mild,
der Frühling ist endlich gekommen.
Dem Winter wird's heiß, er fühlt sich beklommen
Und bäumt sich auf, tobend und wild.
Noch einmal schüttet er Schnee übers Land,
schickt schneidenden Sturm hinterher.
Doch hindert's den Vormarsch des Frühlings nicht mehr,
schon schmückt sich das Land im bunten Gewand.
Schneeglöckchen wiegen sich sanft im Wind
und läuten unhörbar ihr Lied.
Entengeschnatter tönt aus dem Ried.
Nach Weidenkätzchen sucht das Kind.
Jubelnd steigen die Lerchen auf.
Am Waldesrand ist ein Reh.
Das letzte Eis schmilzt auf dem See.
Krokus und Szilla blühen zuhauf.

Das Spechtgehämmer rhythmisch hallt.
Im Sonnenschein gaukelt ein Falter.
Im schattigen Talgrund blinkt Schnee, noch alter.
Anemonen leuchten im lichten Wald.
Schrill gelt der Schrei des Fasans durch die Luft.
Im welken Laub raschelt ein Käfer.
Im Erdbau regt sich der Winterschläfer,
der Hunger ihn nach draußen ruft.
Wir Menschen dürfen staunend erleben
das Wunder des Frühlings, der Erde geschenkt
von Dem, der die Zeiten behutsam lenkt.
Der Frühling verkündet neues Leben.

Heidi Kaiser

Das einsame Schneeglöckchen

Die ersten warmen Sonnenstrahlen erreichten die Erde und brachten den Schnee zum Schmelzen. Ein Schneeglöckchen steckte sein frisches Grün aus dem Boden. Es wuchs und wuchs und entfaltete sein weißes Glöckchen. Es klingelte und klingelte und sang mit zartem Stimmchen: „Der Frühling, der Frühling!“

Das hörten die Vögel und sie sagten: „Oh! Du bist viel zu früh! Der Winter ist noch nicht vorbei!“ Doch das kleine Schneeglöckchen ließ sich nicht beirren und klingelte und sang: „Der Frühling, der Frühling kommt!“ Die Schnecke, die Maus, der Hase und die Vögel, alle lachten das Schneeglöckchen aus. Die Katze knurrte im Vorbeigehen: „Viel zu kalt!“ In der folgenden Nacht schneite es wieder. Am Morgen stand das kleine Schneeglöckchen zitternd im Schnee und sein Glöckchen klingelte vor Kälte. Die Tiere und die Vögel verhöhnten das arme einsame Schneeglöckchen und riefen:

„Siehst du! Von wegen Frühling! Bist viel zu früh!“ Das Schneeglöckchen wurde sehr, sehr traurig und das Glöckchen neigte sich zur Erde. Die Sonne sah das kleine Schneeglöckchen und bekam Mitleid, schickte ihre warmen Strahlen wieder zur Erde, der Schnee schmolz dahin und es wurde von Tag zu Tag wärmer. Nun wuchsen auch die anderen Schneeglöckchen und auch die Krokusse entfalteten ihre Blütenköpfe und alle sangen:

„Der Frühling kommt, der Frühling kommt!“ Sie ließen ihre Glöckchen läuten, sangen ihr Liedchen und kündigten den Frühling an. Nun war das kleine Schneeglöckchen nicht mehr alleine, es hob das Glöckchen und stimmte fröhlich in den Gesang ein.
Der Frühling kam mit großen Schritten und die Welt erwachte wieder zum Leben.

Heidi Kowalsky

Deine Auferstehung
schenkt uns Leben in Fülle

Eine unglaubliche Geschichte – aber wahr!

Es ist Donnerstagabend. Auf den Straßen Jerusalems ist wie immer viel Trubel. Auch die zwölfjährige Alisah ist mit ihrer Mutter unterwegs, zu Tante Rahel. Sie wohnt nur ein paar Straßen entfernt in einem Haus über einer Gaststätte. „Kommt hoch, die Tür ist offen", ruft Tante Rahel oben aus dem Fenster. Auf dem Weg in ihre Wohnung, rechts vor der Treppe, geht es zur Gaststube. Alisah kommt oft hierher und beobachtet manchmal die Gäste vom Flur aus. So auch heute. Während sich ihre Mutter und Tante Rahel im Wohnzimmer unterhalten, läuft sie wieder runter und schaut neugierig durch den Türspalt in die Gaststube. Irgendwie ist es heute anders. Nicht so laut und hektisch wie sonst. An einer langen gedeckten Tafel zählt Alisah dreizehn Männer. In der Mitte sitzt offensichtlich der Gastgeber, denn er teilt jedem am Tisch Brot und Wein aus. Der Mann sieht traurig aus, findet sie. Am nächsten Morgen, Alisah liegt noch im Bett, klopft es laut an der Haustür. Sie springt auf und rennt zur Tür.

Ihre Mutter ist schon dort, es ist Tante Rahel. So früh am Morgen? Komisch, wundert sich Alisah. Irgendetwas muss passiert sein, denn die beiden Frauen sind sehr aufgebracht. „Warte, ich komme mit", sagt die Mutter. Dann bemerkt sie Alisah hinter sich stehen und erzählt ihr was los ist. Obwohl Alisah eigentlich gar nichts verstanden hat, will sie unbedingt mit. Kurz darauf gehen die drei im Eiltempo in Richtung Marktplatz. Es ist ein trister Tag, grau und diesig. Auf der Hälfte des Weges kommt ihnen ein langer Menschenzug entgegen. Unter ihnen ein Mann, er trägt, sichtlich unter starken Schmerzen, ein großes Holzkreuz auf seinen Schultern. „Das ist der Mann von gestern. Er war in der Gaststube", ruft Alisah plötzlich und zeigt auf ihn.

„Das ist Jesus", sagt ihre Mutter, „Jesus von Nazareth. Ein guter Mann, der schon vielen Menschen geholfen hat. Vor allem für Arme und Kranke nahm er sich Zeit, machte sie gesund, stand ihnen bei." „Und was machen sie mit ihm? Warum muss er denn so ein schweres Kreuz alleine tragen?", fragt Alisah, worauf ihre Mutter mit ernster Stimme antwortet: „Die Leute glauben, dass er unrecht getan hat, jetzt wollen sie ihn bestrafen."

Sie gehen hinterher. Schweigend, und auch ein bisschen ängstlich, laufen sie einige Kilometer auf dem staubigen Sandboden bergauf, bis die Menschen auf dem Hügel, den man Golgatha nennt, endlich stehen bleiben. Alisah ist ganz ungeduldig. Nach einer Weile schleicht sie sich neugierig durch die Menschenmenge bis nach vorn. Jetzt weiß sie, warum der Mann das Kreuz tragen musste. Es war sein Todesurteil. Nun hängt er an dem Kreuz. Jemand hat ihn dort festgenagelt. Die Leute lachen ihn aus, beschimpfen ihn. Keiner zeigt Mitleid. Alisah fängt an zu weinen. Sie spürt, dass diesem Jesus etwas angetan wird, was er nicht verdient hat. Und plötzlich ziehen schwarze Wolken auf, es wird dunkel, mittags um 12 Uhr. Jesus ist gestorben. Alisahs Mutter und Tante Rahel sind sehr traurig, sie hielten zu Jesus. Als nur wenige Tage vergangen sind, machen sich Alisah, ihre Mutter und Tante Rahel auf den Weg zum Grab von Jesus. Dort angekommen, trauen sie ihren Augen nicht. Das Grab ist leer ... Niemand weiß, was mit dem Leichnam geschehen ist. In der Stadt erzählt man herum, dass er von Jesus Freunden gestohlen wurde. Aber das stimmt nicht, das weiß Alisah genau. Und auch ihre Mutter und Tante Rahel wissen das. Während sie zu Hause von dem Ereignis erzählen und Gründe für das Verschwinden Jesu suchen, steht Jesus, dessen Leichnam unauffindbar war, wie aus dem Nichts mitten im Raum. „Friede sei mit euch!“, sagt er. „Habt keine Angst, hier meine Hände, meine Füße, fasst mich an, ich bin es. Jesus euer Freund.“ Alisah begreift überhaupt nicht, was hier gerade vor sich geht. Und doch freut sie sich sehr, den Mann wiederzusehen, der so viel leiden musste. Ein paar Jahre später, als Alisah älter war, hat sie es verstanden: Jesus ist wirklich und wahrhaftig auferstanden. Er war tot, doch er wurde wieder lebendig. Gott selbst war in ihm.

Er hat in Jesus auf dieser Erde gelebt und viele Wunder, Heilungen und gute Taten vollbracht. Er hat sich für die Sünden der Menschen geopfert und ist am Kreuz gestorben. Mit diesem Opfer hat sich Gott der Vater den Menschen zugewandt und das gilt für immer, auch heute noch.

Carolin Dreissig

Osterwind

Wir haben es den Blumen und den Bäumen voraus:
Unsere Jahreszeiten
sind schneller.

Der Tod
steigt im Stängel unseres Traums,
alle Blüten werden dunkel
und fallen.
Kaum ein Herbst. Der Winter kommt
in einer Stunde.

Doch da ist keine Wartezeit,
sicheres Warten
für kahle Zweige.

So wie ein Vogel
innehält und sich wendet im Flug,
so jäh, so ohne Grund
dreht sich das Klima des Herzens.
Weiße Flügelsignale in Blau,
Auferstehung
all unserer toten

Blumen
im Osterwind
eines Lächelns.

Hilde Domin

Ostersegen

Wie das Licht am Ostermorgen,
so leuchte uns dein Segen.
Christus ist auferstanden:
Möge sein Friede uns beflügeln
und seine Freude uns anrühren.
Christus ist auferstanden.
In diesem Glauben bewahre uns
der allmächtige Gott.

Irisches Segensgebet

Zur Osterzeit

Ist das ein Ostern! – Schnee und Eis
hielt noch die Erde fest umfangen;
frostschauernd sind am Weidenreis
die Palmenkätzchen aufgegangen.

Verstohlen durch den Wolkenflor
blitzt hie und da ein Sonnenfunken –
es war, als sei im Weihnachtstraum
die schlummermüde Welt versunken.

Es war, als sollten nimmermehr
ins blaue Meer die Segel gehen,
im Park ertönen Finkenschlag,
und Veilchenduft das Tal durchwehen. –

Und dennoch, Seele, sei gewiss:
Wie eng sich auch die Fesseln schlingen,
es wird der Lenz, das Sonnenkind,
dem Schoß der Erde sich entringen.

Dann sinkt dahin wie Nebelflor
auch all dein Weh und deine Sorgen,
und veilchenäugig lacht dich an
ein goldner Auferstehungsmorgen!

Clara Müller-Jahnke

Ostern heisst

ostern heißt
auferstehen aus der trägheit
und den notwendigen schritt tun
auferstehen aus der verstellung
und versuchen wahrhaftig zu leben
auferstehen aus der unterwerfung
an das diktat der massen
und den mut finden für den ganz eigenen weg
auferstehen aus dem reglement der emotionen
und den eigenen gefühlen trauen
auferstehen aus der verleugnung des scheiterns
und einen neuen anfang wagen
auferstehen aus dem sumpf der lieblosigkeit
und der liebe immer wieder eine echte chance geben
auferstehen aus der litanei des schlechtredens
und das konstruktive tun
auferstehen aus der vorherrschaft des missmuts
und sich der freude an den kleinen dingen öffnen

Beate Schlumberger

Dem Scheitern gehört nicht das letzte Wort

Was bedeutet die Auferstehung Jesu für mich und meinen Glauben? Zunächst und vor allem ist es für mich die Quelle für Lebensbejahung und Aufbruch zu neuem Leben. Nichts verschwindet einfach, was dem Leben schadet und ihm alltäglich Grenzen setzt. Der Tod kann nicht übersprungen werden. Aber Jesu Auferstehung ist mit der Zusage verbunden, dass uns im Leben immer wieder die Kraft zu neuer Erfahrung von Leben und Lebensfülle möglich wird. Jesu Auferstehung lässt mich vertrauensvoll hoffen, durch den Tod hindurch Lebensperspektiven zu erfahren.

Von Thomas Bernhard stammt der Satz: „Am Ende wird alles scheitern." Die Botschaft von Ostern besagt das ganz andere: Der Mensch wird durch alles Scheitern hindurch zu wahrem Leben kommen. Dem Scheitern gehört nicht das letzte Wort. Ostern ist für mich aber auch seit Jugendtagen mit Erinnerung und Erfahrung an ein bewusst gestaltetes Fest verbunden.

Da waren zunächst die Osterpredigten des Pastors meiner Heimatgemeinde St. Dreikönigen in Neuss. Der spätere Domprobst Werner Ketzer war ein begnadeter Prediger. „Der Herr ist wahrhaft auferstanden" – so eröffnete er seine alljährliche Predigt und verkündigte die Botschaft von der Auferstehung Jesu Christi als das

Herzstück des christlichen Glaubens, als den Höhepunkt der Verkündigung und als überwältigende Botschaft für jeden Menschen. Ich erinnere mich an die gespannte Stille in der Kirche, an den festlichen Gottesdienst des Jahres in seiner reichen Symbolik. Ich erinnere mich an die österliche Freude, die dabei spürbar war nach den stillen Tagen der Karwoche und den damit verbundenen Vorbereitungen auf das Fest.

Ostern hat schon damals auf mich einen sehr viel nachhaltigeren Eindruck gemacht als jedes andere kirchliche Hochfest. Und das ist bis heute so geblieben. Es ist für mich das Fest, an dem uns Aufbruch zu neuem Leben und Lebensperspektiven über den Tod hinaus zugesagt werden.

In meinem Theologiestudium begegnete ich dem Moraltheologen Franz Böckle. In einer Vorlesung beschrieb er das christliche Selbstverständnis so: „Das spezifisch Christliche einer christlichen Existenz liegt in der Bedeutung von Karfreitag und Ostern für das Selbstverständnis gläubiger Christen. Im Blick auf Karfreitag und Ostern sieht der Christ den Grund seiner Hoffnung. Der Glaube an die Durchbrechung der Schranke des Todes macht ihn frei zu einem Leben gegen reine Selbstbehauptung, deren Wahrheit der Tod ist." Das ist für mich ein Schlüsselwort geworden. Karfreitag und Ostern als Grund unserer Hoffnung; Lebensperspektiven gegen die reine Selbstbehauptung und Ausgangspunkt für ein neues Verhältnis zwischen Himmel und Erde. Nicht weil der Christ enttäuscht ist von der Welt, glaubt er an Gott, sondern weil er an Gott glaubt, wendet er sich der Welt voller Hoffnung zu.

Mein Studium fiel in jene Zeit, in der nach dem Zweiten Vatikanischen Konzil und der Würzburger Synode viel Aufbruchstimmung in der Kirche spürbar war. Wege des Dialogs als Ausdruck einer kritischen Zeitgenossenschaft wurden gewagt. In den Vorlesungen zur christlichen Ethik von Böckle ist uns Studierenden der Ernst christlicher Weltverantwortung erfahrbar geworden. Böckle gehörte zur Generation jener christlichen Ethiker, die in ihrem Ansatz zu einer autonomen Moral im christlichen Kontext die vom Konzil beschriebene Autonomie der Sachbereiche aufgriffen, Fragen nach dem Verhältnis von Glaube und Vernunft bearbeiteten und die Kommunikabilität einer christlich begründeten Ethik einforderten, die Gläubigkeit und Vernünftigkeit vereinbart. Gerade vor diesem Hintergrund war seine Beschreibung des Spezifikums christlicher Existenz mit dem Hinweis auf Karfreitag und Ostern so zentral. Das von daher geprägte Selbstverständnis des Christen übersteigt die rein innerweltlichen ethischen Begründungszusammenhänge. Und: Ostern war damit für mich auch ganz eng verbunden mit einem Fundament für öffentliches Engagement.
Mein beruflicher Weg begann im Dezember 1980 als Referentin im Cusanuswerk, dem Begabtenförderungswerk der deutschen Bischöfe. Im Jahresprogramm der geistlichen Begleitung waren die Osterexerzitien ein Höhepunkt. Im zweiten Jahr meiner Arbeit gestaltete ich diese Tage für Studierende gemeinsam mit dem damaligen Studentenpfarrer im Cusanuswerk, Klaus Stock, im Spindlhof bei Regensburg. Das waren ungewöhnlich dichte und anregende Tage. Zu den besonderen Erfahrungen gehörte für mich die Ernsthaftigkeit, mit der sich

junge Menschen mit der Botschaft der Kar- und Ostertage auseinandersetzten. Die Gottesdienste waren wirklich Feste unseres Glaubens. Ich erinnere mich bis heute an die Liturgie am Gründonnerstag und die nachfolgende Nacht des Gebetes, an den Kreuzweg am Karfreitag, an die Feier der Osternacht in den frühen Morgenstunden und das anschließende Osterfrühstück. War die theologische Beschäftigung im Studium verbunden mit dem intellektuellen Interesse an eine geistige Durchdringung der Glaubenssätze, so waren diese Tage ein eindrucksvolles Zeugnis für den gelebten Osterglauben einer jungen Gemeinde. Viele Ehemalige kamen auch in den folgenden Jahren – lange nach dem Ende ihres Studiums – alljährlich in dieser Woche wieder im Spindlhof zusammen. Menschen aus unterschiedlichen Berufen, die sich in dieser Zeit austauschten und immer wieder neu als Gemeinde zusammenfanden.
Die Erfahrungen aus meiner Studienzeit und den ersten Berufsjahren haben mich geprägt in meinem Umgang mit der Karwoche und dem Osterfest. Bis heute ist es für mich eine besondere Zeit. Zwischenzeitlich habe ich in sehr verschiedenen Gemeinden unterschiedliche Formen der Gestaltung erlebt und konnte erfahren, wie gerade in dieser Zeit eine Gemeinde zueinanderfindet, um sich auf das Zentrum des christlichen Glaubens zu konzentrieren. Ich denke da vor allem zurück an die Gemeinde St. Gregorius in Aachen oder die Münstergemeinde in Bonn.
Befreiung zu einem Leben gegen reine Selbstbehauptung – Freiheit wird dem Christen darum zum Geschenk und zur Berufung. Innere Freiheit erwächst in solchem

österlichen Verständnis aus einer Zusage Gottes an den Menschen zu Leben, das ohne Selbstbehauptung und Eigensüchtigkeit ist. Dialog und Begegnung werden zu Grundsäulen christlicher Existenz. In einer Zeit, in der Konkurrenz und Selbstbehauptung großgeschrieben sind, wird solches Freiheitsverständnis zur Quelle von Gelassenheit. Ostern schafft neue Lebensräume und schärft den Blick für alles Lebendige. Ostern lässt Wachstum erkennen und begründet Hoffnung auf die bleibend wirkende Rettung des Lebens durch Gott.

Annette Schavan

Erscheinungen des Auferstandenen

Als aber Jesus auferstanden war früh am ersten Tag der Woche, erschien er zuerst Maria von Magdala, von der er sieben böse Geister ausgetrieben hatte.
Und sie ging hin und verkündete es denen, die mit ihm gewesen waren und Leid trugen und weinten.
Und als diese hörten, dass er lebe und sei ihr erschienen, glaubten sie es nicht.
Danach offenbarte er sich in anderer Gestalt zweien von ihnen unterwegs, als sie über Land gingen.
Und die gingen auch hin und verkündeten es den andern. Aber auch denen glaubten sie nicht.
Zuletzt, als die Elf zu Tisch saßen, offenbarte er sich ihnen und schalt ihren Unglauben und ihres Herzens Härte, dass sie nicht geglaubt hatten denen, die ihn gesehen hatten als Auferstandenen.
Und er sprach zu ihnen: Gehet hin in alle Welt und predigt das Evangelium aller Kreatur.

Markus 16,9-15

Predigt über Markus 16,9-15

Kurz nach meinem Dienstantritt wurde ich mit dem Fall eines Pastors konfrontiert, der sich auf der Kanzel rasiert hatte. „Werden Sie ihn disziplinarrechtlich belangen?“, war die Frage.

Ich habe gesagt: „Er hat sich auf der Kanzel rasiert? Das glaube ich nicht!“

Und so kam es zum Gespräch mit dem Pastor, der erklärte, genau das sei doch der Sinn gewesen. Er habe am Sonntagmorgen auf der Kanzel Rasierschaum und Pinsel herausgeholt, sich in Seelenruhe rasiert, in den Spiegel geguckt und dann zur Gemeinde gesagt: „Wenn Sie jetzt nach Hause gehen und das erzählen, wird Ihnen jeder sagen: Das glaube ich nicht.“ Genauso war es an Ostern, als die Ersten erzählt haben: „Er ist auferstanden, er ist wahrhaftig auferstanden!“

Bis heute bin ich mir nicht ganz sicher, ob ich das nun einen hilfreichen Zugang finde oder nicht. Das Rasieren auf der Kanzel und die Auferstehung sind denn doch noch zwei verschiedene Paar Schuhe. Aber dennoch hat der Pastor hier einen Punkt erwischt: den Unglauben der ersten Jüngerinnen und Jünger, der bis heute mit Blick auf die Auferstehung uns Menschen prägt. Der Predigttext für den heutigen Sonntag, eine Woche nach Ostern, steht bei Markus im 16. Kapitel. Dort heißt es in den Versen 9 ff.:

„Als aber Jesus auferstanden war früh am ersten Tag der Woche, erschien er zuerst Maria von Magdala, von der er sieben böse Geister ausgetrieben hatte. Und sie ging hin und verkündete es denen, die mit ihm gewesen waren und Leid trugen und weinten. Und als diese hörten, dass er lebe und sei ihr erschienen, glaubten sie es nicht. Danach offenbarte er sich in anderer Gestalt zweien von ihnen unterwegs, als sie über Land gingen. Und die gingen auch hin und verkündeten es den andern. Aber auch denen glaubten sie nicht. Zuletzt, als die Elf zu Tisch saßen, offenbarte er sich ihnen und schalt ihren Unglauben und ihres Herzens Härte, dass sie nicht geglaubt hatten denen, die ihn gesehen hatten als Auferstandenen. Und er sprach zu ihnen: Gehet hin in alle Welt und predigt das Evangelium aller Kreatur."
[...] Diese Textpassage wird von Exegeten „der unechte Markusschluss" genannt. Das ursprüngliche Evangelium, eines der frühesten Zeugnisse der Christenheit, endete mit dem Satz: „Und sie gingen hinaus und flohen von dem Grab; denn Zittern und Entsetzen hatten sie ergriffen, und sie sagten niemandem etwas, denn sie fürchteten sich." So enden die Aufzeichnungen des Markus.
Gut hundert Jahre später wird unser Predigttext als neuer Schluss an das Evangelium angefügt. Mehr als hundert Jahre nach dem Tod Jesu ist deutlich: Es endete eben nicht mit Zittern und Entsetzen. Nein, Neues hat begonnen, die Jüngerinnen und Jünger haben allmählich begriffen: Mit dem Tod Jesu am Kreuz war eben nicht alles zu Ende. Nein, das Sterben Jesu, es ist erst der Anfang des Lebens. Das Evangelium muss weitergeschrieben werden, denn die Osterbotschaft hat schließlich die Jün-

gerinnen und Jünger überzeugt, ermutigt zum Glauben. Die Auferstehungsbotschaft ist das Zentrum des Evangeliums. Wir wissen aber auch, dass die Osterbotschaft das Unglaublichste an unserem christlichen Glauben ist. Und das war von Anfang an so. Gerade Maria von Magdala! Eine Frau. Sieben böse Geister hat er ihr ausgetrieben, und die erzählt nun, er sei auferstanden. So ein Unsinn.

Verdrängte Liebesgefühle, Verlustängste – ein Psychotherapeut sollte da mal ran.

Zwei sind unterwegs und meinen, ihn getroffen zu haben. Wie soll man denen denn glauben? Halluzinationen. Einen Trauerprozess haben die nötig. Gibt es nicht einen qualifizierten Arzt, der da etwas verschreiben kann?

Von Anfang an gehört zum Glauben der Unglaube, das Bestreiten. Das kann doch nicht sein. Das ist doch naiv. Völlig unwissenschaftlich. Gegen jede Erfahrung, gegen jedes Wissen! Das ist von Herrn Lüdemann gar nicht neu formuliert worden, sondern 2 000 Jahre alt. Wie kann er auferstanden sein? Wie soll das möglich sein? Vor drei Tagen habe ich bei einer Diskussionsveranstaltung erklärt: Ohne die Auferstehung gibt es keine Verkündigung des christlichen Glaubens. Hinterher kommentierte jemand: „Na ja, das müssen Sie als Bischöfin natürlich sagen." Ich habe gekontert: „Sie werden lachen, ich glaube das tatsächlich!" Wir haben es mit Weihnachten da wesentlich leichter. Die großen Gefühle, die Familie, Vater, Mutter und Kind, das sind einfache Assoziationen. Aber Ostern? Ich habe das in der EZ erzählt, kurz vor Ostern bekam ich den Anruf einer Journalistin, die mir sagte: „Wir brauchen noch etwas zu Ostern von Ihnen – aber bitte nichts mit Jesus." Aber Ostern geht nicht ohne Jesus und nicht ohne Auferstehung. Ostern ist eben nicht nur Eier, Häschen, Küken, Osterfeuer und Osterwasser, sondern Ostern ist der Glaube daran, dass Gott unser Leben über den Tod hinaus hält. Wie das aussehen wird, das wissen wir nicht. Und darüber müssen wir auch nicht spekulieren. Aber wir dürfen darauf vertrauen, dass Gott uns bei unserem Namen gerufen hat und dieser Name bei Gott geborgen sein wird, auch wenn wir längst gestorben sind. Gerade das führt Christinnen und Christen nicht zur Weltflucht, sondern gibt uns die Freiheit, uns der Welt und ihren Herausforderungen zuzuwenden.

Liebe Gemeinde, nur von diesem Osterglauben her können wir meines Erachtens den Mut haben, uns ganz offen mit dem Tod auseinanderzusetzen. Wir leben ja in einer Zeit, die geradezu panische Angst vor dem Tod hat. Er wird abgeschottet in vermeintlich klinisch saubere Bereiche. Bloß weg aus meinem Gesicht. Bloß keinen Sterbenden zu Hause behalten, das ist ja furchtbar, das kann doch niemand mit ansehen. Jeder möchte schnell und zügig sterben. Und so befürworten 78 % der Deutschen Euthanasie. Unter den Christen sagen nur 14 % der Evangelischen und 18 % der Katholiken: „Über Leben und Tod darf nur Gott entscheiden." Für mich ist das ein Signal dafür, wie groß die Angst vor dem Tod ist, wie wenig Menschen sich mit ihm befassen und wie groß die Distanz zum christlichen Glauben geworden ist.

Vor Kurzem habe ich mit Herrn Dr. Admiraal, einem holländischen Arzt, diskutiert, der schon über hundert Menschen aktiv Sterbehilfe geleistet hat. Wir haben heftig miteinander gestritten, weil ich persönlich aktive Sterbehilfe in keiner Weise befürworten kann. Am Ende des Interviews wurden wir beide gefragt, wie wir sterben möchten. Herr Admiraal antwortete: „Ich möchte bei vollem Bewusstsein sterben. Damit ich mich verabschieden kann.“ „Und dann?“, fragte die Journalistin, „kommt dann noch etwas“ „Nichts, gar nichts“, sagte Herr Dr. Admiraal. „Es gibt keine Existenz nach dem Tod. Das ist das Ende. Das Leben ist zwecklos und sinnlos.“

Ich glaube tatsächlich, dass Lebensmut und Todesmut im positiven Sinne zusammengehören.

Wenn ich glauben kann, dass Gott mein Leben hält und trägt über den Tod hinaus, dann muss ich dem Tod auch nicht ausweichen. Ich muss keine Furcht vor dem Tod haben. Dass Menschen Angst vor dem Sterben und dem Tod haben, das ist ganz normal. Wir kennen das Sterben nicht und den Tod, und alles Unbekannte macht zunächst Angst. Aber dass so viele Menschen aktive Sterbehilfe befürworten, das drängt uns, viererlei zu tun:

– Zum einen gilt es, die Palliativmedizin zu stärken. Sobald Menschen erfahren, dass es möglich ist, schmerzfrei in den Sterbeprozess zu gehen, sinkt die Zahl der Befürworter der aktiven Sterbehilfe auf 36 %. Und es gibt Schmerztherapien, die ein Sterben in Würde ermöglichen.

– Wir müssen außerdem die Hospizbewegung stärken. Für viele Familien ist es schwer, gerade diesen letzten Pflegeprozess zu Hause durchzuführen. Ich meine, Sterbende gehören nicht in ein Krankenhaus, das ja gesund machen soll. Nein, Sterbende gehören in eine eigene Umgebung, wo sie liebevoll und begleitet diesen letzten Weg gehen können in Würde.

– Wir sollten deutlich machen, dass beispielsweise in den Niederlanden ein Viertel aller Euthanasieopfer ohne ihre persönliche Einwilligung getötet werden. Und wenn nun noch die Todespille für Sterbewillige kommt, Alte, Selbstmordgefährdete. Wäre es nicht plötzlich ein Druck auf die Alten, nun endlich zu gehen? „Man schämt sich ja schon, so alt zu werden", sagt mir die alte Dame. „Wir belasten die Krankenversicherungen und stellen die Alterspyramide auf den Kopf ..." Freie Entscheidung? Die Sache ist hochproblematisch und nicht im Namen der Freiheit zu verteidigen.

– Und schließlich denke ich, die christlichen Patientenverfügungen, Patientenverfügungen überhaupt, sind anzuerkennen. In der Verfügung, die wir als Kirchen herausgegeben haben, heißt es:

„An mir sollen keine lebensverlängernden Maßnahmen vorgenommen werden, wenn medizinisch festgestellt ist, dass ich mich im unmittelbaren Sterbeprozess befinde oder es zu einem nicht behebbaren Ausfall lebenswichtiger Funktionen meines Körpers kommt. Ärztliche Begleitung sowie sorgsame Pflege sollen in diesen Fällen auf die Linderung von Schmerzen, Unruhe und Angst gerichtet sein, selbst wenn durch die notwendige Schmerzbehandlung eine Lebensverkürzung nicht auszuschließen ist. Ich möchte in Würde und Frieden sterben können ..."

Das ist passive Sterbehilfe, die ich für richtig halte.

Hierüber müssen wir mit Pflegekräften, Ärztinnen und Ärzten, Angehörigen in ein Gespräch kommen. Auch sie müssen ermutigt werden, das Sterben, das sie so vielfach erleben, als Teil des Lebens wahrzunehmen.

Liebe Gemeinde, es geht gar nicht anders, als von der

Auferstehung her in diesen Tagen auf die Frage der Sterbehilfe zu blicken. Wir sprechen vom Auferstandenen und nicht von einem Toten. Dieser Glaube gibt uns Lebenskraft. Dieser Glaube kann uns halten und tragen, da, wo wir andere im Sterben begleiten, wo wir einen geliebten Menschen verlieren und wo wir selbst im Sterbeprozess stehen. Ich habe das zum ersten Mal verstanden, als ich als junge Pastorin mit 28 Jahren zum ersten Mal ein Kind beerdigen musste. Die Eltern hatten die kleine Marie-Louise, 5 Jahre alt, in ihrem Kinderzimmer aufgebahrt. Eine Barbiepuppe in der einen Hand, einen Strauß Schneeglöckchen in der anderen. Vom Hof, auf dem sie gelebt hatte, haben wir sie hoch zum Friedhof getragen. Nahezu das ganze Dorf kam mit. Und am nächsten Tag, da waren sie wieder auf dem Feld, die Eltern. Der Tod war bei allem Schmerz in das Leben integriert.

Gerade weil unser Gott lebt, Leben will und dem Leben zugewandt ist, ist es möglich, das Sterben anzusehen. Jesus hat uns gezeigt, dass Leiden zum Leben gehört. Ein Leben ohne jede Erfahrung von Leid ist auch kein erfülltes Leben. Wer Leiden kennt, kennt auch Lebenslust. Zum Leben in Fülle gehören Freude wie Leid.

Unglauben wird es immer wieder geben. Auch wir werden immer wieder mit Zweifeln zu ringen haben. Da brauchen wir uns gar nichts vorzumachen. Zweifeln, so Paul Tillich, gehört zum Wesen des Menschen, weil er endlich ist und nie das Ganze erfassen kann. Wir können uns den Glauben auch nicht erarbeiten nach dem Motto: „So, ab morgen glaube ich das, und damit ist die Sache geklärt." Nein, das hat uns Martin Luther beigebracht, Glaube ist auch ein Geschenk. Ein Geschenk, um das ich

Gott bitten kann, im Dialog. Im Gebet. In der Stille, die ich aufsuche, um die letzten Fragen zu stellen.
Was ermutigend ist: Jesus schickt nun gerade diese Zweifler, diese Ungläubigen in die ganze Welt, um vom Glauben zu sprechen. Das finde ich nun geradezu unglaublich! Diese Fischer und Huren und Zöllner sind nun gerade keine so ganz überzeugenden Leitfiguren. Bei jedem Casting würden sie durchfallen. Keine Sonnyboys, keine Glamourgirls, keine Erfolgsfiguren. Aber sie werden geschickt in alle Welt, das Evangelium zu predigen, zum Glauben zu rufen und zu taufen. Ich finde, das kann jeden und jede von uns nur ermutigen. Auch wir mit unseren Ecken und Kanten, wir mit unseren Zweifeln und unserem Unglauben werden geschickt, Spuren des Reiches Gottes zu legen. Wir können in diese Welt gehen und weitersagen: Er ist auferstanden, er ist wahrhaftig auferstanden. Halleluja.

Margot Käßmann

Aufbruch zum Leben

Immer dann und dort, wo sich das Leben mit dem Tod auseinandersetzt, wo es über den Tod siegt, entsteht Lebendigkeit, da bewegt sich was, da pulst was, da geschieht was. Wenn ich lebendig bin, dann bin ich bei mir, dann spür ich mich. Lebendigkeit – das ist das, was Jesus mit „Leben in Fülle“ meint. Aber man kann das schnell falsch verstehen.

Leben in Fülle – das ist kein Quantitätsbegriff, nicht die „Menge“ ist gemeint, sondern es ist ein Qualitätsbegriff, es geht um „Tiefe“. Es ist eben nicht wichtig, möglichst viel zu erleben, möglichst alles zu haben, möglichst überall dabei gewesen zu sein. Nicht mein Machen und Tun sind gefragt, sondern mein Sein, eine Art und Weise, mein Leben zu leben: bei dem, was ich tue, bei dem was ich bin, ganz dabei zu sein, mich zu spüren, zu erleben. Es geht darum, sich noch freuen zu können, wenn der erste Krokus blüht. (Und es überhaupt wahrzunehmen!) Es geht darum, das Gesicht in den Wind zu halten, sich an der Nähe eines Menschen zu freuen. Es geht darum, das, was ich tue, ganz zu tun, das, was ich bin, ganz zu sein.

Doch Vorsicht! Wer sich auf den Weg zu solch einer Lebendigkeit macht, der kann sich nicht nur die Rosinen aus dem Kuchenteig picken. Der kann nicht nur die Höhen erleben, sondern der bekommt auch die Tiefen mit. Wenn ich bei mir bin, mich spüre, dann erlebe ich auch meine Einsamkeit, meine Verlorenheit, meine Grenzen. Leben und Lebendigkeit sind nicht nur einfach, glücklich und schön. Dazu gehören auch die Tränen und der Schmerz und manchmal das heulende Elend. Der Sieg des Lebens nimmt den Tod nicht weg.

Aufbrechen – das hat in der deutschen Sprache eine doppelte Bedeutung, und das macht durchaus Sinn.

Aufbrechen, das heißt zum einen „losgehen", sich auf den Weg machen, etwas verlassen. Aber jeder, der sich auf den Weg macht, der aufbricht und loslässt, der kehrt auch das Unterste zuoberst – so wie der Bauer, der mit seinem Pflug den Boden „aufbricht". Der verändert die Reihenfolge, setzt Prioritäten neu. Der geht in die Tiefe – und lässt sich von der Tiefe nicht erschrecken. Der lässt sich in seinen Innersten berühren – und berührt.

Der kann sich in das Dunkel hineinbegeben – weil er auf das Licht hofft und vertraut. Der kann sich dem Tod stellen – weil er an das Leben glaubt. Der kommt an Grenzen – und überschreitet sie. Und genau das ist Ostern – Tod und Auferstehung, Grenze und Grenzüberschreitung.

Wenn wir uns in diesen Tagen auf Ostern vorbereiten, dann könnte genau das gefragt sein: so zu leben, dass ich mich lebendig spüre, mit allen Höhen und Tiefen.

Dass ich mich auf den Weg mache und mich aufbrechen lasse. Dass sich in mir das Unterste zuoberst kehrt – und dass ich vor der Tiefe nicht erschrecke. Dass ich mich berühren lasse und berühre.

Dass ich an das Leben glaube ... und dass ich an die Liebe glaube ...

Andrea Schwarz

Osterspaziergang

Ganz unter uns: Noch ist es nicht so weit.
Noch blüht kein Flieder hinterm Heckenzaune.
Doch immerhin: Ich hab ein neues Kleid,
Bürofrei und ein bißchen Frühlingslaune.

Was hilft uns schon das ganze Trübsalblasen –
Da weiß ich mir ein bessres Instrument.
Ich pfeife drauf ... Mich freut selbst kahler
Rasen.
Und auf das Frohsein gibt es kein Patent.

Mich fährt die Stadtbahn auch ins freie Feld,
Mir weht der Märzwind gleich den Weitgereisten.
Ich hab mein' Sach' diesmal auf nichts gestellt.
– Das kann man sich noch leisten.

Blau ist der Himmel wie im Bilderbuch.
Die Vögel zwitschern wie in Frühlingsträumen.
Herb mischt die Waldluft sich mit Erdgeruch
Und frühem Duft von knospig reifen Bäumen.

Die Sonne blickt schon ziemlich intressiert.
Und wärmt beinah. – Doch, während ich sie lobe,
Verschwindet sie, von Wolken wegradiert.
Es scheint, sie scheint nur Probe.

Ganz unter uns: Noch kam der Lenz nicht an,
Obgleich schon Dichter Frühlingslieder schrieben.
– Erst wenn man frei auf Bänken sitzen kann,
Dann wird es Zeit, sich ernstlich zu verlieben ...

Mascha Kaléko

Am Ostersonntag

O jauchze, Welt, du hast ihn wieder,
sein Himmel hielt ihn nicht zurück!
O jauchzet, jauchzet, singet Lieder!
Was dunkelst du, mein sel'ger Blick?

Es ist zu viel, man kann nur weinen,
die Freude steht wie Kummer da;
wer kann so großer Lust sich einen,
der all so große Trauer sah?

Unendlich Heil hab' ich erfahren
durch ein Geheimnis voller Schmerz,
wie es kein Menschensinn bewahren,
empfinden kann kein Menschenherz.

Vom Grabe ist mein Herr erstanden
und grüßet alle, die da sein;
und wir sind frei von Tod und Banden
und von der Sünde Moder rein.

Annette von Droste-Hülshoff

Eine Ostergeschichte von Sonne und Mond

So unbeständig der Mond sich in allem sonst gezeigt hatte, in einem streute er mit rechtem Starrsinn doch immer das Gleiche an. Das zarte goldene Band, das Gott mit dem Hinstreichen seiner Hand über das Himmelsgewölbe gelegt hatte, erschien ihm gar zu schön, und er wollte wie die Sonne nur auf diesem Bande seine Bahnen wandern.

„Schon recht", sprach der Herr, „es scheint auch mir gut, dass du bei Nacht auf den gleichen Wegen wanderst wie die Sonne bei Tage. Doch weißt du wohl, dass die Goldenstrahlende im Jahreslauf auf- und abwärtssteigend der Erde den Frühling, den Sommer, den Herbst und den Winter bringt. Wie willst du es damit halten?"

„Auch ich will die ganze Breite des Bandes durchmessen", sprach der Mond, „und damit alle Welt sehen kann, was ich für ein Himmelslicht bin, werde ich mich sputen und in einem Monat vollenden, wozu die Sonne ein ganzes Jahr braucht." Der Herr lächelte und schwieg.

Und der Mond begann seine Wanderung. Die Menschen auf Erden, die den Tagesbogen der Sonne von Weihnachten bis Johanni in schönem Gleichmaß wachsend steigen und von Johanni auf Weihnachten zu in eben derselben Weise schrumpfen und sinken sahen, konnten sich nicht genug verwundern, wenn sie die Mondenwege verfolgten. Zwar von dem zart schimmernden Himmelsbande wich er nie ab, doch war es von Abend zu Abend kaum möglich zu wissen, an welcher Stelle des östlichen Horizontes er auftauchen, welchen Bogen er beschreiben und wo er schließlich untergehen würde. Nicht nur, dass er hinter den stets ihre Bahn ziehenden Sternen bald zwanzig Minuten, bald mehr als eine Stunde verspätet herzottelte und so aus dem ruhigen Gang der großen Himmelsuhr eigenwillig heraussprang! Nicht nur eigene Zeilen wollte er haben, sondern anders als alle übrigen Himmelslichter auch seinen Wanderplan einrichten.

Es war aber gerade Frühsommerzeit, als das Ganze sich zutrug. Die Sonne stieg und strebte ihrem höchsten Stande zu. Leuchtend stand sie zur Mittagsstunde am Himmel. Menschen, Tiere und Pflanzen freuten sich ihres Lichtes und ihrer Glut, ja sogar die leblosen Steine nahmen so viel in sich hinein, wie sie nur lassen konnten, und waren im Abenddunkel davon noch manche Stunde lang wohlig warm. Schließlich kam die Johannizeit heran, und die Sonne prangte in solchem Glanze, dass er selbst in den Nächten nicht ganz zu verlöschen schien.

Der Mond unterdessen durchlief, wie er es schon angekündigt hatte, eilig die Breite des goldenen Bandes. Doch wie ärgerte er sich, als er am höchsten, am oberen Rande gerade zu der Zeit angekommen war, da er als hauchdünne Sichel hinschwinden und als hauchdünne Sichel wieder neu erstehen musste! In dem Maße, wie er zunahm, schrumpften seine nächtlichen Bögen immer mehr zusammen, und als er seine volle, runde Gestalt endlich gewonnen hatte, war er zugleich am untersten Rande des Himmelsbandes angelangt. Das verdross ihn gar sehr, und er nahm sich vor, es zu ändern, so gut ihm das eben gelingen wollte.

Und wirklich: In seiner nächsten Vollmondgestalt zog er schon wieder eine etwas größere Bahn als zur Johannizeit, vier Wochen danach als Vollmond eine noch höhere, und so ging es von Monat zu Monat fort. Als endlich die Weihnachtszeit heranrückte, stand der volle Mond die ganze lange Winternacht am Himmel, so hoch, wie zur Johannizeit die Sonne gestanden hatte, und sein Licht füllte und beherrschte die verschneite Welt. Bewundernd schauten die Menschen zu ihm auf.

„So gefällt es mir!" sprach der Mond. „Die Sonne wandert jetzt bei Tag ihren kleinsten, niedrigsten Weg, und ich in meiner vollen Gestalt den weitesten, höchsten." Vor Stolz leuchtete er doppelt hell.

Wen aber so allezeit nach Neuem gelüstet wie den silbernen Herrscher des Nachthimmels, der wird Erworbenes schwerlich halten und bewahren können. Der Dezember ging hin, der Januar kam. Noch konnte sich der Rundglänzende in ziemlicher Höhe halten. „Wie kalt sein Licht ist", sagten die Menschen und zogen sich fröstelnd in ihre warmen Stuben zurück. „Will er denn von seinem hohen Stande gar nicht wieder herabsteigen?"

Als aber der Februar ins Land zog, geschah es, dass der Mond seinen weitesten Weg bereits hinter sich hatte, bevor er noch zu seiner ganzen Größe hatte anwachsen können. Im März erging es ihm noch schlechter. Was aber für ihn das Schlimmste war: Während er als Vollmond mit immer kleineren Bögen sich bescheiden musste, weitete die Sonne ihre Bahnen von Tag zu Tag aus, stieg von Mittag zu Mittag stetig höher.

„Wenn das so weitergeht, wird sie mich bald überholt haben", murrte der Mond. Und wirklich, kurz nach Frühlingsanfang kam eine Vollmondnacht, in der der silberne Gesell auf kleinerer Bahn dahinziehen musste, als die Sonne es um eben dieselbe Zeit bei Tage tat.
Die Menschen, die es bemerkten, freuten sich und sprachen:
„Die Sonne hat den Mond besiegt, ihr warmer Schein strahlt bei Tage höher vom Himmel herab als das bleiche Licht des Vollmondes bei Nacht. Nun wissen wir, dass der Winter aus unserem Lande endlich weichen muss. Darum wollen wir fröhlich sein und der wieder erstarkten Sonne zu Ehren ein Fest feiern."
Und am Sonntag, der auf die Nacht folgte, in welcher der Vollmond niedriger am Himmel gestanden hatte als die Sonne bei Tage, feierten die Menschen das Osterfest, und das ist bis auf den heutigen Tag so geblieben. Wenn die Kinder in Garten oder Stube die Osternester mit den bunten Eiern darin finden, dürfen wir gewiss sein, dass die Sonne die Herrschaft am Himmel wieder angetreten hat und dass der Vollmond sich bis zum Herbst still wird bescheiden müssen, ob es ihm gefällt oder nicht. Sein Reich ist die Nacht, seine Zeit der Winter. Den Tag und den Sommer aber muss er der Sonne lassen!

Erika Dühnfort

Der schönste Tag in Mamas Leben

Am 11. April haben wir Osterferien bekommen, und es fing an zu regnen. Mama hat zum Abendbrot griechischen Salat mit Oliven und griechischen Wein und französisches Weißbrot auf den Tisch gestellt und eine Kerze. Papa hat das sehr schön gefunden und gefragt, ob denn heute was Besonderes ist.

„Nein, überhaupt nicht!", hat Mama gesagt. Und mit dem Zeigefinger zwei Brotkrümel von der blauen Tischdecke gepickt. Sie hat in den Regen geguckt und gesagt, dass vor zwölf Jahren die Sonne geschienen hat.

Ich habe mich sehr gewundert, woher Mama das weiß. Sie weiß es eben, hat sie gesagt und Papa angeguckt. Sie vergisst ihn nie, den schönsten Tag ihres Lebens.

„Himmel noch mal!" Papa ist eingefallen, dass er den schönsten Tag seines Lebens schon wieder vergessen hat. Und das käme nur daher, weil in der Flugzeugfabrik so viel los ist und er überhaupt nichts anderes mehr hört als Kurzarbeit und Kündigung.

Jetzt sei aber Schluss damit. In drei Tagen, an Ostern, will er mit Mama und Anne und mir wegfahren. Und Mama soll sagen, wo sie hinwill.

Mama wollte am liebsten nach Griechenland. Da war sie mit Papa auf der Hochzeitsreise. Aber das ging ja nicht, es war zu weit und zu teuer.

Darum wollte sie nach Willingen im Sauerland, denn in

Willingen im Sauerland hat Mama von Papa den ersten Kuss bekommen.
„Wir fahren nach Willingen!" Papa hat Mama einen Kuss gegeben und gesagt, dass dies der hunderttausendste ist. Und ich habe nachgerechnet, dass er ihr dann vorher 99 999 gegeben hat.
Am Ostermorgen hat es immer noch ein bisschen geregnet. Papa und ich haben den Ostertisch im Wohnzimmer gedeckt. Den Osterkorb mit der grünen Kresse und den bunten Ostereiern habe ich in die Mitte auf das grüne Tischtuch gestellt. Papa wollte aber unbedingt die Rosen in der Mitte haben.
Die Rosen waren für Mama.
Sie haben aber nicht lange in der Mitte gestanden. Anne hat die Vase umgestoßen, als sie sich das gelbe Osterei aus dem Korb holen wollte.
Die Rosen haben sehr gut auf den bunten Ostereiern ausgesehen. Aber das Osterbrot mit den Rosinen ist von dem Blumenwasser innen und außen weich geworden.
Dann haben wir Ostereier gesucht Anne wollte unbedingt in den Garten runter. Aber da war ja alles nass. Mama hat ihr erzählt der Osterhase hätte die Ostereier im Wohnzimmer versteckt.
Anne und ich haben gesucht, und Mama und Papa haben heiß und kalt gerufen. Anne hat ihren rot-weiß getupften Ball in dem Lesekorb unter den Zeitungen gefunden und ich meine Frisbee-Scheibe unter dem Sitzkissen vom weißen Schaukelstuhl.
Die Schokoladeneier haben wir nicht alle gefunden, Papa hat gemeint, es reicht mit der Sucherei, er will jetzt losfahren.

Es war langweilig im Auto und ganz schön weit bis Willingen.
„Ihr könnt euch ja schon mal ausdenken, was ihr heute Mittag zu essen haben wollt", hat Mama gesagt.
Anne musste sehr lange überlegen. Ich wusste es sofort. Schnitzel. Wiener Schnitzel mit Pommes frites oder Prager Schnitzel mit Kartoffel-Kroketten.
Es gab aber keine Wiener und kein Prager Schnitzel. In den Hotels in Willingen waren alle Tische besetzt und die Stühle auch.
Das kam daher, weil es immer noch geregnet hat. Wir haben dann in einer Holzhütte an einem Wald Linsensuppe mit Kochwurst gegessen. Das hat gut geschmeckt, nur, ich wollte viel lieber Schnitzel.
Papa hat gesagt, er wird uns am Abend zu Hause ganz groß ausführen. Und zwar ins Hotel Krone, wo es die besten und die größten Schnitzel geben soll.
„Ich will aber jetzt schon das Schnitzel", hat Anne gesagt und ihre kleinen Hände zu Fäusten gemacht und auf den Tisch gehauen.
Mama hat versucht, ihr zu erklären, dass es keins gibt, und Papa hat es auch versucht. Sie konnte es nicht verstehen. Da habe ich es ihr erklärt und gesagt, dass sie ja eigentlich überhaupt kein Schnitzel wollte, sondern Hähnchen. Und dass sie jetzt nur ein Schnitzel will, weil ich eins will.
„Ist ja überhaupt nicht wahr", hat Anne geschrien und zu heulen angefangen. Die Leute in der Holzhütte haben Anne angeguckt und mich und Mama und Papa.
Mama hat mich gefragt, ob ich denn immer mit Anne Streit anfangen muss.

Und Papa, ob ich denn nicht einmal Rücksicht auf ihn nehmen kann.
Ich habe eine Wut gehabt und gedacht, wenn ich doch bloß zu Hause bei meinem Kaninchen sein könnte. Zu Papa habe ich gesagt, dass ich überhaupt keine Lust habe, heute Abend in die Krone zu gehen.
„Heute Abend hast du schon wieder Lust", hat Papa gesagt.
Papa und Mama haben am Abend auch keine Lust mehr gehabt. Weil nämlich hinter Willingen auf einmal unser Auto auf der Landstraße stehen geblieben ist. Es ist kein Wasser mehr im Kühler gewesen.
Papa hat aus einer Regenpfütze Wasser nachgefüllt. Ich habe ihm geholfen. Es ist unten aus dem Kühler wieder rausgelaufen. Papas Auto musste zur nächsten Tankstelle abgeschleppt werden. Weil aber Ostern war und kein Mechaniker da war, mussten wir das Auto an der Tankstelle stehen lassen.
Weil auch kein Bus fuhr, haben wir ein Taxi genommen. Es war sehr gemütlich in dem Taxi. Draußen hat es geregnet, und drinnen haben sie im Radio Wiener Lieder gespielt, die Mama gut leiden kann. Darum hat sie mitgesummt. Sie hat hinten zwischen Anne und mir gesessen. Es war schön warm in Mamas Armen.

Ursula Fuchs

Vom Charme des Wonnemonats

Ende April

Dass draußen die Amseln singen, dass der Frühling, mit grünen Schleiern über den Büschen, kommt, eigentlich schon da ist, muss ich doch erwähnen, obwohl er mir heuer nicht unter die Haut geht, keinerlei Rührung in der Art von „dass ich das noch mal erleben darf" erweckt. Schlechte Laune, könnte man sagen, finstere Laune, sogar im Park, den ich fast täglich durchstreife, obwohl mir dieses Jahr schon das spießige Osterhasengärtlein auf die Nerven gegangen ist. Gebüsche in bunter, eiförmiger Umzäunung, ein Wärter versteckt die von den Eltern mitgebrachten Eier, während ein zweiter die Kinder dazu überredet, die faul herumhoppelnden Stallhasen zu streicheln – bald darauf findet die Frühlingsblumenausstellung, dann die Azaleenausstellung statt. Seit einigen Tagen gehe ich dort umher und schreibe in Gedanken einen Brief an den Direktor: Lieber Herr Direktor, man kann nicht fortwährend lieben, ich liebe Ihre Ausstellungen nicht mehr, sie sind mir zu gekonnt, Ihre Blumenrabatten nicht mehr, sie sind mir zu üppig. Was ich liebte, war der schmale, dunkle Weg im Umgang des großen Palmenhauses, da schlugen einem die feuchten, glänzenden Blätter der Kamelienbäume gegen die Wangen, da leuchteten die Blüten, ganz oben, ganz hinten, rosa und rot. Was ist daraus geworden, Herr Direktor, eine breite Promenade mit Zementbrunnen, Wandelgang einer Lebensversicherung oder eines Sozialbades, und überhaupt, der Zementorgien sind genug gefeiert, der rechtwinkeligen Mäuerchen genug gebaut. Rechtwinkelig an Leib und Seele, dieser Spruch hing, riesig in Holz gebrannt, im Vorplatz eines unserer Notquartiere, die rechtwinkeligen Besitzer hatten uns ein Zimmer abgeben müssen, sie rächten sich dafür, indem sie uns keinen Hausschlüssel gaben, wir betraten und verließen unser Zimmer durchs Fenster, zu ebener Erde lag es, das war unser Glück. Entschuldigen Sie die Abschweifung, Herr Direktor, auch ein öffentlicher Garten kann einem ans Herz wachsen, zum Beispiel die uralte Eibe, die einmal hierher verpflanzt und so vorsichtig – zwei Kilometer in acht Stunden – durch die Stadt gefahren wurde, die chinesischen Sträucher, die Winterblüher, die Victoria Regia im Kleinen Haus. Auch im Gartenbau gibt es Moden, als der Garten um das große Palmenhaus, diese bürgerliche Exotik, angelegt wurde, trug man nierenförmige Teiche, runde Springbrunnen, Hochstammrosen, es wäre hübsch gewesen, wenn Sie das alles erhalten hätten, ein Gartenmuseum des 19. Jahrhunderts, wie es Gartenmuseen des achtzehnten, siebzehnten, sechzehnten und sogar fünfzehnten Jahrhunderts gibt. Eine einzigartige Gelegenheit, die Sie verpasst haben und vielleicht gar nicht verpassen wollten. Ihre Abonnenten, Ihre Sonntagsnachmittagsmusikhörer haben Sie dazu gezwungen, Sie sind ein Warenhausbesitzer, der immer das Neueste auslegen muss. Das alles schreibe ich in meinem Gedankenbrief, und dann gebe ich der Wahrheit die Ehre, gebe dem Garten die Ehre, seinen leuchtenden Grasflächen, seinen riesigen Pappeln, Platanen und Weidenbäumen, und überhaupt war der ganze Brief nur eine Laune, Frühlingslaune, Zierkirschenblütenblätter, losgerissen, hintreibend unterm Gewitterhimmel, schwül. Keineswegs denke ich daran, mein Abonnement aufzugeben, und ich wäre unglücklich, wenn Sie, Herr Direktor, es mir dieses doch gar nicht abgeschickten Briefes wegen, kündigen würden, was natürlich möglich ist, ebenso wie es möglich ist, dass die Kontrolleure eine Kartei haben, eine Gedankensünderkartei, auf die hin sie mir den Eintritt verwehren. Ich möchte aber immer wieder kommen, auch später, wenn ich meine blaue Karte nicht mehr vorzeige und mich an die Eintrittszeiten nicht mehr halte. Wenn ich mich auf Ihren fantastischen Spielgeräten herumschwinge, nachts, im Nebel, eh noch auf den großen Blumenfeldern die Dahlien schwarz verblühen.

Marie Luise Kaschnitz

Grossmutters Maibaum

Morgen ist der 1. Mai, sagte Daniele Brockmann und atmete tief, „die Luft ist seidenweich und die Natur im Farbenrausch. Auch die Vögel spüren das und singen besonders schön." – ,,Nun krieg dich nur wieder ein! Du schwärmst ja wie eine Siebzehnjährige." Ihr Mann lachte. „Ich sollte dir wirklich einen Maibaum aufs Dach setzen." Daniele kicherte. „Das wäre doch mal ein toller Gag, nicht wahr." In der nächsten Minute dachte sie schon nicht mehr an seine Worte. Am 1. Mai war Daniele als Erste auf den Beinen. Sie stand in der Küche und sah durch das Fenster in den strahlenden Frühlingshimmel. Zwei Nachbarinnen gingen gerade vorüber, blieben aber plötzlich stehen, hoben den Blick und schmunzelten. Daniele wollte sich gerade abwenden, um den Kaffee aufzubrühen, als sie Herrn Tillmann vongegenüber bemerkte. Der stand in seinem Vorgarten, starrte auf das Dach der Brockmanns und griemelte vor sich hin. „Was die nur alle haben?", fragte sie sich, öffnete das Küchenfenster und rief: ,,Morgen, Herr Tillmann. Gibt es etwas Besonderes zu sehen? Nisten etwa Störche auf unserem Dach?" – Der Nachbar winkte ihr zu. „Kommen Sie und schauen Sie selbst!" Daniele lief zur Tür, schloss mit vor Neugierde zitternden Fingern auf und rannte nach draußen. Auf der Straße bekam sie kugelrunde Augen und vergaß beinah weiter zu atmen. „Heiliger Schnickschnack", entfuhr es ihr, „was sagt man denn dazu?" Auf dem Dach der Brockmanns stand ein zartgrünes Birkenbäumchen. In seinen Zweigen flatterten mohnblumenrote Stoffstreifen wie Feuerzungen durch die klare Luft und winkten so heftig, als wollten sie sagen: „Leute, seht mal her, hier oben lacht die Liebe, hier oben!" „Mensch Willi, du bist vollkommen verrückt!" Daniele warf sich in die Arme ihres vollkommen verrückten Mannes, der jetzt – noch im Morgenrock – mit strahlendem Gesicht aus der Haustür getreten war. „Was die Jungen ..., können wir Alten allemal", sagte er. „Ist das nicht eine Superüberraschung, Omi?" Opibekam ein paar herzhafte Küsse, und er wusste nicht, ob die Feuchtigkeit auf seiner linken Wange nur von den nassen Schmatzern oder auch von ein paar Freudentränchen seiner Liebsten stammte. Wahrscheinlich von beidem, dachte er ... Den ganzen Monat lang stand der Maibaum in Sonnenschein und Regen auf dem Dach und leuchtete. Auch Oma Brockmann leuchtete. Bei einem Einkauf in der Stadt traf sie ihre Freundin. Ulla erzählte ihr von den prächtigen Maibäumen, die ihre beiden Töchter von den jeweiligen Freunden bekommen hatten. „Der eine Baum hat vornehme lila Streifen und der andere ist knallbunt", sagte sie, „diese Bäume sprechen von Liebe." Daniele nickte vor sich hin. „Ich selbst habe ja auch einen Maibaum bekommen, und er ist der schönste der ganzen Stadt." – ,,Alte Frauen bekommen keine Maibäume, so wie sie auch keine Kinder mehr kriegen und Schwalben keine Störche und Katzen keine Frösche." Ulla fühlte sich wohl veralbert. Sie verabschiedete sich kühl. Daniele lächelte. Wie sollte die Freundin auch wissen, dass es immer wieder Wunder gibt, und besonders im Mai, dem Monat der Liebe. Und dann kam ihre Enkelin, die achtjährige Anna vorbei, und die sah staunend zum Dach hinauf und meinte ein wenig altklug: „Maibäume bekommen doch immer nur die jungen Mädchen, und in eurem Hause wohnt nur ihr. Und ihr seid schon alt.“ Ihre Großmutter lächelte fein. „Tja, mein Schatz, die Frau hier im Hause ist eigentlich noch gar nicht so alt, auch wenn man das äußerlich nicht gleich so sieht.“ „Meinst du dich, Oma?“ In Annas braunen Augen leuchtete erstes Verstehen auf. Die Großmutter nickte. „Und der junge Mann, der den Maibaum gesetzt hat, ist Opa.“

Gabriele Lins

Ein Tag für alle Mütter

Tief grub Inge Schmidt ihre Hände in den Boden. Seit Tagen jätete sie Unkraut im Vorgarten des Mietshauses, in dem sie wohnte. Ihr Ehrenamt als Gärtnerin war ihr über die Jahre zugewachsen. Für jede der sechs Mietparteien war es selbstverständlich, dass sie sich um den kleinen Grünstreifen kümmerte. Inge Schmidt war die Einzige im Haus, die keine Kinder hatte. Sie hatte Begonien und Veilchen gepflanzt, dazwischen Stiefmütterchen in bunten Farben – auch wenn sie es selbst gerne einheitlich mochte, wusste sie doch, dass es den Kindern so besser gefiel – vor allem der kleinen Marie. Ach, „klein“: Mittlerweile war sie schon zwölf und ein tüchtiges Mädchen geworden. Inge hatte die kleine Marie aufwachsen sehen. Marie und Inge waren Freundinnen. Aber in den letzten Jahren war Marie eigenständiger geworden, und die einstige enge Verbindung war dem Raum gewichen, den Kinder brauchen, um sich zu entwickeln. Inge wusste das, doch irgendwie schmerzte es sie trotzdem. Dass sie kinderlos geblieben war, empfand sie als schweres Los. Nichts hatte sie sich mehr gewünscht als ein Haus voller Mädchen und Jungs. Aber es war anders gekommen, und so machte Inge aus der Not eine Tugend: Sie half den oft überforderten Familien bei der Betreuung, übernahm die Hausordnung und sah über den Kinderlärm hinweg, ohne sich zu beschweren. Das hatte dazu geführt, dass die kinderlose Inge von allen geschätzt wurde. Für diese Anerkennung war Inge dankbar, doch einmal im Jahr überkam sie eine tiefe Traurigkeit, nämlich am Muttertag, und das war heute. Während sie gedankenversunken im Boden buddelte; merkte sie gar nicht, dass Marie sich genähert hatte. „Na, so fleißig am Sonntag?“ Inge bog ihren schmerzenden Rücken langsam gerade, lächelte Marie an und erwiderte: „Einer muss doch dafür sorgen, dass ihr am Muttertag Blumen für eure Mütter habt.“ Marie strahlte Inge an. „Ja, genau, heute ist Muttertag, und deshalb habe ich was für dich!“, sagte sie geheimnisvoll, zauberte eine selbst bemalte Blumenvase hinter ihrem Rücken hervor und streckte sie Inge entgegen. „Für mich?“, fragte Inge verblüfft. „Ich bin doch gar keine Mutter!“ „Doch, du bist auch eine Mutter! Das ist mir eingefallen, als wir im Unterricht über Mutter Teresa sprachen – die hatte genau wie du keine eigenen Kinder und doch ist sie eine der berühmtesten Mütter der Welt!“ Inge drückte Marie ganz fest und küsste sie gerührt auf die Wange.

Bernadette Schrama

Mai III

Mit Maiglöckchen
läutet das junge Jahr
seinen Duft

Der Flieder erwacht
aus Liebe zur Sonne
Bäume erfinden wieder ihr Laub
und führen Gespräche

Wolken umarmen die Erde
mit silbernem Wasser
da wächst alles besser

Schön ists im Heu zu träumen
dem Glück der Vögel zu lauschen

Es ist Zeit sich zu freuen
an atmenden Farben
zu trauen dem blühenden Wunder

Ja es ist Zeit
sich zu öffnen
allen ein Freund zu sein
das Leben zu rühmen

Rose Ausländer

Der Tulpenstrauss

Lange schon hatte ich mir für meinen kleinen Vorgarten eine schöne Ecke mit Tulpen gewünscht. Dieses Jahr war es endlich so weit. Ich hatte die Zwiebeln sorgfältig ausgesucht, und im Frühjahr wuchsen die Tulpen so prächtig, als wollten sie XXL werden. Ich war begeistert und erfreute mich jeden Tag an dieser bunten Pracht aus Scharlachrot, Apricotgelb, Lachsrosa, Braunrot und Schneeweiß.

Das blieb so bis Samstag, den 11. Mai. Am Sonntag, den 12. Mai, sah ich das Entsetzliche.

Meine Wut war grenzenlos. Ich konnte es einfach nicht fassen. Das alles konnte doch nicht wahr sein. Ich starrte auf mein Tulpenbeet. Irgendjemand hatte sämtliche Tulpen fein säuberlich abgeschnitten. Keine einzige Blume war übrig. Ich jammerte und schimpfte den ganzen Tag und verdarb nicht nur mir, sondern auch meiner Familie den Tag – es war Muttertag.

Zum Glück kannte ich den Missetäter nicht – bis Dienstagabend. Es klingelte an der Tür und ein Kerl wie ein tätowierter Kleiderschrank stand vor mir. Ich erschrak heftig. Mit unerwartet leiser Stimme sagte er: „Ich war der Missetäter!“ Er deutete auf das Blumenbeet: „Ich bitte um Entschuldigung.“

Ich fühlte, wie mein angestauter Frust explodieren wollte. Doch bevor ich Luft holen konnte, überfiel er mich mit einem Wortschwall: „Sie haben mir den Tag gerettet, Muttchen. Ich kam in der Samstagnacht von einer Bikertour nach Hause und erfuhr, dass meine Mutter überraschend ins Krankenhaus gekommen war. Ich wollte sie frühmorgens besuchen. Aber es war Muttertag, und ich hatte keine Blumen. Da fiel mir ein, dass ich in Ihrem Garten wunderschöne Tulpen gesehen hatte. Das war meine Rettung. Meine Mutter hat sich riesig gefreut, als ich mit den Blumen ankam. Sie müssen wissen, dass ich kein Sohn bin, der immer an den Muttertag denkt."

Da stand er nun vor mir, dieser Riesenkerl, mit hängenden Armen, ergeben meine Strafpredigt erwartend. Doch irgendwie fiel es mir plötzlich schwer, einen Sohn, der seiner Mutter Blumen ins Krankenhaus gebracht hatte, lautstark zu beschimpfen.

„Ich habe eine ziemliche Wut auf Sie", gestand ich. „Wie wollen Sie das wiedergutmachen?"

„Ich schlage vor, als Entschädigung helfe ich Ihnen ein paar Stunden im Garten. Einverstanden?" Ich war einverstanden und Harry, wie er sich nannte, war eine große und sehr geschickte Hilfe. Er kam viel öfter als erwartet. Vielleicht auch, weil er meinen Erdbeerkuchen mochte.

Inzwischen überlegen meine Nachbarn bereits, ob sie nicht im nächsten Jahr auch Tulpen in die Vorgärten pflanzen.

Ursula Berg

Eine Muttertagsgeschichte

Als meine Tochter zur Welt gekommen war – in den ersten Maitagen eines bereits sehr fernen Jahres –bekam ich einen Tag nach der Geburt bereits eine Muttertagstorte, auf der stand: Der lieben Mutter. Ich konnte nicht fassen, dass das jetzt mir galt. Lagen doch die Muttertage, an denen wir uns krankhaft bemüht hatten, meine Mutter zu ehren und zu feiern, und ich diesen Aufwand für einen einzigen Tag im Jahr mit jugendlicher Direktheit als „blödsinnig" einstufte, mir doch bleischwer im Gemüt.

Nur einmal war es schön gewesen. Mein Vater – sonst ein durch und durch ehrenhafter Mann ohne den geringsten Hang zum Abenteuerlichen – hatte vergessen, die üblichen rosa Hortensien (zwei bis drei Blütenbüschel in einem Topf, in Krepppapier gehüllt, dazu eine Schleife und ein Papierherz mit Spruch, „Dem Mütterlein" oder dergleichen) zu besorgen. Aus Furcht vor den drohenden dunklen Wolken auf der Stirne meiner Mutter wurde er plötzlich kühn, ein verwegenes Glitzern durchbrach mehr und mehr den ratlosen Ärger in seinen Augen. „Komm", sagte er zu mir, während er eine Schere in seiner Jackentasche verbarg. Und wir verließen das Haus wie zwei, die etwas zu verbergen hatten.

Hinter dem Gemeindebau, in dem wir wohnten, befand sich ein Areal mit Schrebergärten. Es waren bereits alte

Gärten, die Obstbäume und diversen Sträucher breiteten sich weit über die Zäune hinweg aus und überschatteten teilweise die Pfade. Der Flieder blühte. Er blühte in diesem Jahr so üppig wie selten. Die Zweige beugten sich unter der Last der violetten und weißen Dolden, dazu der Duft und das Leuchten einer abendlichen Maisonne – ich schritt selig mit meinem Vater dahin.

Der aber zückte bald die Schere, nicht ohne vorher um sich geblickt zu haben. Ausgestorben lagen die Gärten da, keine Stimme, keine Hantierung zu hören.

Und mein Vater begann, Flieder zu stehlen. Erst sollte es ein angemessen großer, trotz allem bescheidener Strauß sein. Doch der zurückhaltende, pflichtbewusste Mann fiel einer plötzlichen, wohl von Mai- und Fliederdüften genährten Raserei anheim. Er schnitt und schnitt. Meine und seine Arme füllten sich, bis wir sie kaum noch über der Last zusammenschließen konnten. Und immer noch schien Pfingstwunder für die Seele den Gärten nichts an Pracht zu fehlen, der Überfluss unermesslich.

Wir schleppten und stöhnten, als wir über Treppen und Gänge zu unserer Wohnungstüre schlichen, immer voll Sorge, ertappt und des Diebstahls überführt zu werden.

Es galt außerdem, die Fliederberge daheim zu verstauen und dem Auge meiner Mutter fernzuhalten – dies gelang mit Hilfe wassergefüllter Eimer in der Abstellkammer. Am frühen Morgen dekorierten wir die Wohnung, benutzten dazu sämtliche vorhandenen Vasen, Einmachgläser, Krüge und Suppentöpfe. Und als die Mutter aus dem Bett kroch und verschlafen zum Badezimmer hin-

strebte, traute sie ihren Augen und ihrer Nase nicht. Was für eine Herrlichkeit. Was für ein Duft.
„Hätten wir den Flieder nicht stehlen müssen, könnte mir auch dieser Muttertag gestohlen bleiben", dachte ich.

Erika Pluhar

Der Tulpenkorb

Der Frühlingsabend versinkt hinter den Bäumen. Für die Eltern ist er besonders schön, weil sie ihre beiden Töchter zum ersten Mal guten Gewissens eine Stunde allein lassen können. Auch Dorli hat glaubhaft versprochen, nicht aus dem Bett zu steigen, sondern sofort einzuschlafen.
Arm in Arm wandern die Eltern durch den Abend, draußen im Garten vor dem Dorf. Die Mutter hatte eine Überraschung für den Vater: Aus den Tulpenzwiebeln, die sie sich im Herbst heimlich vom Haushaltsgeld abgezwackt hat, sind nun viele prächtige Blumen gewachsen. Zwar haben sich die Kelche in der Abendluft schon geschlossen, aber morgen Vormittag werden sie voll erblüht sein. Dorli und Regine, die keine Ahnung von dem Blumenwunder haben, werden vor Jubel außer sich geraten. Dorli erlebt in diesem Jahr sowieso erstmals bewusst den Frühling. Gestern erst hüpfte sie jauchzend von Gänseblümchen zu Gänseblümchen. Wie zufällig sollen beide Kinder morgen vor das Beet geführt werden. Welch einmaliges Wunder der Blüte, in jedem Frühling wieder neu wie am ersten Schöpfungstag!
Aber das einmalige Wunder bricht gewaltsamer über die Familie herein, als die Mutter plante. Kaum hat sie am anderen Morgen mit dem Abräumen des Frühstücks begonnen, um anschließend sich selbst und die Kinder für den Garten fertig zu machen (auch der Vater hat seine

Anwesenheit zugesichert), kaum hat sie sich überlegt, wohin ihre Töchter ausgerechnet heute entwischt sein könnten, denn man hört sie nirgends – da erscheint Dorli unter der Küchentür. In den Händen schleppt sie einen Henkelkorb, bis zum Rand gefüllt mit Tulpenblüten.
Ihr Gesicht glüht vor Entzücken.
„Von unserem Garten", flüstert sie ehrfürchtig. „Für dich. Ganz allein von mir für dich!"
O Mutterliebe, nun entfalte deine letzten Reserven! Atme tief, zähle auf Zehn und sei immer größer als der Augenblick! Ohne Stiele, nicht einmal für die Vase tauglich. Die verborgene Vorfreude langer Winterwochen wird nach wenigen Stunden im Mülleimer liegen.
„Dell, da freus du dich aber?" Dorlis verlegener Blick zeigt, dass sie sich das Mutterglück überzeugender vorgestellt hat.
Noch einmal atmet die Mutter tief durch. Es gibt schlimmere Dinge: Erdbeben, Wasserkatastrophen, Kriege, Unglücksfälle – na also!
„Ja, es ist wun-der-schön, Dorli, ich danke dir."
Prüfend sieht das Kind die Mutter an. Warum hat ihre Stimme solch einen merkwürdigen Sprung? Etwas hastig spricht sie nun weiter: „Sobald ich fertig bin, suchen wir eine Glasschale und legen die Blüten ins Wasser. Sie bekommen schnell Durst, weißt du. Hat Regine sie auch schon gesehen? Und der Vater?"
Still zieht sich Dorli mit ihrer Blütenpracht ins Dunkel der Diele zurück. Irgendetwas stimmt nicht. Was ist nur los?
„Und heute Nachmittag feiern wir ein großes Tulpenfest, Dorli", ruft ihr die Mutter noch nach.
„Vielleicht ist der Vater da", denkt Dorli. „Er hat meist

mehr Geduld als die Mutter." Entschlossen arbeitet sich die Kleine mit ihrem Korb die Treppe hinunter bis vor die Studierzimmetür.

Inzwischen erledigt die Mutter ihre Hausarbeit, bereitet auch noch das Mittagessen vor, denn die Wiederherstellung des inneren Gleichgewichts braucht immerhin einige Zeit. Endlich ist alles geleistet, und man kann mit Fassung an den Tulpenkorb gehen. Wo steckt Dorli nur? Auch Regine und der Vater geben keine Antwort. Die Mutter geht durch alle Zimmer. Es bleibt still. Aber was ist das? Im Schlafzimmer steht der Arzneischrank sperrangelweit offen, und die Mullbinden fehlen – samt Leukoplast und Schere.

Etwas Schreckliches muss geschehen sein. Und niemand wagt es der Mutter zu sagen. Das ist die Strafe für eine kleinliche Lebenshaltung. Abgebrochene Tulpen – du liebes bisschen!

Fährt dort drüben nicht der Rotkreuzwagen mit Blaulicht? Zitternd eilt die Mutter ins Studierzimmer. Die Arztnummer für alle Fälle. Aber da liegt ein Zettel auf dem Schreibtisch: „ Wir sind rasch in den Garten gegangen. Bis nachher. Vater." Bis nachher? Das ist zu lange. Nur schnell, ehe jemand verblutet! Schon von Weitem erblickt die Mutter den Vater und die Töchter in voller Gesundheit. Die drei hantieren am Tulpenbeet; anscheinend sind doch nicht alle Blüten abgebrochen. Mit zögernden Schritten nähert sie sich der einträchtig arbeitenden Gruppe. Was sie dann allerdings zu sehen bekommt, ist eigenartig genug. Vaters Blick spricht auch ohne Worte den einzigen hier möglichen Satz: „Bitte nicht böse sein über den Unsinn!" Dorli hat es der Mutter von den Augen abgelesen, dass mit den gepflückten Tulpen etwas Ungeschicktes geschehen ist. Und so hat sie kurzerhand alle Blütenköpfe mit Mullbinden wieder an die Stengel gebunden. Papa und Regine helfen mit Leukoplast nach. „Nu wachsen se alle wieder an“, tröstet Dorli. „Un vürleicht kriegen sie nu ßwei Köpfe? Un nu freus du dich aber wirklich ganz doll, ja?“

Dorli hüpft zur Mutter und drückt sie so fest, dass beide fast keine Luft mehr bekommen. „Ich kann bestimmt nichts dafür“, heißt das. „Ich habe nicht gewusst, dass es eine verkehrte Freude wird.“

„Freilich, Dorli!“ Längst ist alles wieder gut. Welch ein Anblick! Auf keiner Bundesgartenschau wird es je so eigenwillige Blüten geben. In drei Wochen wäre die Herrlichkeit ohnedies vorbei gewesen. Das farbenprächtige Tulpenfest am Nachmittag aber wird den Kindern ein Leben lang als beglückende Erinnerung bleiben.

Charlotte Hofmann-Hege

Am Pfingstsonntage

Still war der Tag, die Sonne stand
so klar an unbefleckten Domeshallen;
die Luft, von Orientes Brand
wie ausgedörrt, ließ matt die Flügel fallen.
Ein Häuflein sieh, so Mann als Greis,
auch Frauen kniend; keine Worte hallen,
sie beten leis!

Wo bleibt der Tröster, treuer Hort,
den scheidend doch verheißen du den Deinen?
nicht zagen sie, fest steht dein Wort,
doch bang und trübe muss die Zeit uns scheinen.
Die Stunde schleicht; schon vierzig Tag
und Nächte harrten wir in stillem Weinen
und sahn dir nach.

Wo bleibt er nur, wo? Stund' an Stund',
Minute will sich reihen an Minuten.
Wo bleibt er denn? Und schweigt der Mund,
die Seele spricht es unter leisem Bluten.
Der Wirbel stäubt, der Tiger ächzt
und wälzt sich keuchend durch die sand'gen Fluten,
die Schlange lechzt.

Da, horch, ein Säuseln hebt sich leicht!
Es schwillt und schwillt und steigt zu Sturmes Rauschen.
Die Gräser stehen ungebeugt;
die Palme starr und staunend scheint zu lauschen.
Was zittert durch die fromme Schar,
was lässt sie bang' und glühe Blicke tauschen?
Schaut auf! Nehmt wahr!

Er ist's, er ist's; die Flamme zuckt
ob jedem Haupt; welch wunderbares Kreisen,
was durch die Adern quillt und ruckt!
Die Zukunft bricht; es öffnen sich die Schleusen,
und unaufhaltsam strömt das Wort
bald Heroldsruf und bald im flehend leisen
Geflüster fort.

O Licht, o Tröster, bist du, ach,
nur jener Zeit, nur jener Schar verkündet?
Nicht uns, nicht überall, wo wach
und Trostes bar sich eine Seele findet?
Ich schmachte in der schwülen Nacht;
o leuchte, eh' das Auge ganz erblindet!
Es weint und wacht.

Annette von Droste-Hülshoff

Inhaltsverzeichnis

FRÜHLINGSSEHNSUCHT LIEGT IN DER LUFT

BLUMENSTRÄUSSE UND HIMMELSBOTEN UMTANZEN DICH

DEINE AUFERSTEHUNG SCHENKT UNS LEBEN IN FÜLLE

VOM CHARME DES WONNEMONATS

QUELLENVERZEICHNIS

Texte

Hanna Ahrens, Wenn das nicht gesund ist, aus: Hanna Ahrens, Nachmittagsglück und andere Geschichten © Brunnen Verlag, Gießen 2001

Rose Ausländer, Mai III. Aus: dies., Wieder ein Tag aus Glut und Wind. Gedichte 1980-1982. © S.Fischer Verlag GmbH, Frankfurt am Main 1986

Ursula Berg, „Der Tulpenstrauß“ aus: Dies., Zum Altwerden ist immer noch Zeit.Kurzgeschichten für Senioren © Verlag Herder GmbH, Freiburg i. Br. 2016

Christine Brückner, Frühling, aus: Das Glück liegt auf der Hand. ABC der Lebensfreuden. Hrsg. von Rudolf Walter © Verlag Herder GmbH, Freiburg i. Br. 1991

Hilde Domin, Osterwind. Aus: dies., Sämtliche Gedichte. © S.Fischer Verlag GmbH, Frankfurt am Main 2009

Carolin Dreißig, Eine unglaubliche Geschichte - aber wahr! ©Carolin Dreißig

Erika Dühnfort, „Eine Ostergeschichte von Sonne und Mond“ Aus: Erika Dühnfort, Vom größten Bilderbuch der Welt © 1977 Verlag Freies Geistesleben, Stuttgart (Neuausgabe, 11. Auflage 2011)

Ursula Fuchs, Der schönste Tag in Mamas Leben aus: Reg dich nicht auf. © Ursula Fuchs

Charlotte Hofmann-Hege, Der Tulpenkorb, aus: Spielt dem Regentag ein Lied, Quell Verlag, Stuttgart 1995 © Erben Charlotte Hofmann-Hege

Luise Holthausen, Frühlingsgefühle, aus: Hoffmann, Freitag, Meine schönsten 5-Minuten-geschichten zu Frühling und Ostern, Pattloch Verlag München © 2005 by Luise Holthausen

Margot Käßmann, Osterpredigt in der Marktkirche von Hannover am 22. April 2001. © Alle Rechte bei der Autorin

Heidi Kaiser, aus: Hans Gärtner (Hrsg): Freu dich auf Ostern, Echter Verlag GmbH, © Alle Rechte bei der Autorin

Mascha Kaléko, „Osterspaziergang“, „Brief ins Blaue...“ aus: Mascha Kaléko, Das lyrische Stenogrammheft. Kleines Lesebuch für Große Copyright © 1978 Rowohlt Taschenbuch Verlag GmbH, Reinbek bei Hamburg, Würzburg 1995

Mascha Kaléko, Nennen wir es „Frühlingslied", aus: Mascha Kaléko, In meinen Träumen läutet es Sturm. © 1977 dtv Verlagsgesellschaft, München

Marie Luise Kaschnitz, Ende April, Textauszug aus: Marie Luise Kaschnitz, Tage, Tage, Jahre. Aufzeichnungen. © Insel Verlag Frankfurt am Main und Leipzig 1976. Alle Rechte bei und vorbehalten durch Insel Verlag Berlin.

Heidi Kowalsky, Das einsame Schneeglöckchen © Alle Rechte bei der Autorin

Ute Latendorf, Frühlingsahnung © Alle Rechte bei der Autorin

Gabriele Lins, „Nutze den Tag", „Großmutters Maibaum" © Alle Rechte bei der Autorin

Agnes Marx, Ein verheißungsvoller Frühlingstag. © Alle Rechte bei der Autorin

Barbara Noack, Das Billigangebot, aus: Barbara Noack: Glück und was sonst noch zählt. München: Langen Müller, 1993. S. 41-47. © 1993 by Langen Müller Verlag in der F.A. Herbig Verlagsbuchhandlung GmbH, München

Erika Pluhar, Eine Muttertagsgeschichte © 1992 by Erika Pluhar

Annette Schavan, Dem Scheitern gehört nicht das letzte Wort © Alle Rechte bei der Autorin

Beate Schlumberger, Ostern heißt © Alle Reche bei der Autorin

Bernadette Schrama, Ein Tag für alle Mütter aus: Würzburg Katholisches Sonntagsblatt, Nr 20, 13. Mai 2012 © bei der Autorin

Andrea Schwarz, Aufbruch zum Leben, aus: Dies., Eigentlich ist Ostern ganz anders. Hoffnungstexte © Verlag Herder GmbH, Freiburg i. Br. 2012, S. 39ff

Bilder

Cover: © Africa Studio/Shutterstock; S. 2: © gtranquillity/Fotolia; 6/7, 38/39: © drubig-photo/Fotolia; 9, 116: © neirfy/Fotolia; 11: © _Vilor/Fotolia; 17: © Anna Khomulo/Fotolia; 23, 32/33: © Lukas Gojda/Fotolia; 27, 54/55, 89: © Floydine/Fotolia; 37: © Alonbou/Fotolia; 43: © vencav/Fotolia; 47, 49: © seqoya/Fotolia; 53: © Anatolii/Fotolia; 59: © karandaev/Fotolia; 61: © viperagp/Fotolia; 62/63: © lily/Fotolia; 65: © mates/Fotolia; 66/77: © Alexandr Satoru/Fotolia; 73: © Unclesam/Fotolia; 83: © danilag/Fotolia; 87: © viktoriya89/Fotolia; 98/99: © bluebat/ Fotolia; 103: © alenalihacheva/Fotolia; 109: © Zbyszek Nowak/Fotolia; 110/111: © Acik/Fotolia; 123: © lesslemon/Fotolia.

Wir danken den genannten Inhabern von Text- und Bildrechten für die freundliche Erteilung der Abdruckgenehmigung. Der Verlag hat sich bemüht, alle Rechteinhaber in Erfahrung zu bringen. Für zusätzliche Hinweise sind wir dankbar.